어르신 레크레이션 북 시리즈 7

뇌 훈련·노화방지에 도움 되는
쉬운 종이접기

건강 100세 연구원 지음

Vitamin Book
헬스케어

머리말

종이 한 장의 매력에 흠뻑 빠져 봅니다!

종이접기는 종이 한 장만 있으면 가위나 풀 등 다른 도구 없이도 손쉽게 나만의 작품을 만들 수 있습니다. 장소에 구애받지 않고 언제 어디서나 접을 수 있고 손재주가 있든 없든 순서대로 접기만 하면 누구나 즐길 수 있어서 종이접기의 매력에 빠진 사람들이 많습니다.

처음 종이접기를 시작할 때는 접는 방법도 복잡해 보이고 접기 기호가 있어도 어떤 방향으로 어떻게 접어야 하는지 어렵게 느껴지지만 천천히 접다 보면 어느새 익숙해져서 즐겁고 재미있게 할 수 있습니다.

인생 제2막, 보다 즐거운 노후를 보내기 위해 종이접기를 시작하는 시니어들이 많은데, 종이를 접는 손동작을 통해 두뇌를 지속적으로 자극하기 때문에 노년기의 뇌 활동에도 도움을 줍니다.

종이접기의 순간순간마다 접고 생각하는 과정을 통해서
사고력·집중력을 일깨우고,
종이 색깔도 다양하게 사용해 보며 색채 감각을 일깨우고,
접는 방법을 반복적으로 되새기고 사용하기에 기억력이 향상되고,
조금 익숙해지면 자신만의 접기 방법을 찾아내어 창의력이 향상되고,

어려운 부분에서 포기하지 않고 완성해 냈을 때에는 인내심·성취감·자신감을 높일 수 있습니다.

뿐만 아니라 온가족이 한자리에 모여 종이를 접으며 이야기할 수 있는 시간이 자연스레 늘어납니다. 어린아이부터 할아버지 할머니까지 가족 모두가 함께 즐길 수 있어서 서로 교감하며 세대 간의 소통이 다시 시작되고 매일매일 두뇌 운동을 할 수 있습니다.

자신만의 새로운 방법으로 종이접기에 도전해 보세요.

《쉬운 종이접기》는 종이접기를 처음 시작하는 분들을 위한 책입니다. 쉽고 가장 간단한 접기를 시작으로, 어렸을 때 한번쯤 접어보았음직한 것들을 위주로 구성했습니다. 너무 어려운 것은 제외하고 간단한 접기에서부터 중간 단계의 것을 모아, 접는 방법을 자세히 설명하고 있습니다. 헷갈리기 쉽고 어려운 부분은 사진으로 한번 더 설명했으니 서두르지 말고 설명에 따라 정확하게 접어 보세요. 접다 보면 어느 순간 자신만의 새로운 작품이 탄생하게 됩니다. 뜻밖의 멋진 작품을 만날 수 있을 것입니다.

뇌 운동으로 뇌를 젊게!

사람이 나이를 먹어 노화가 진행되면 뇌도 함께 늙어갑니다. 뇌의 인지능력이 떨어져서 새로 배운 것을 기억해 내는 힘은 점점 저하되지만 지혜나 지식, 경험은 나이를 먹을수록 축적됩니다. 오랫동안 지식이나 경험이 계속 쌓이다 보니 삶에서 우러나온 지혜는 오히려 젊은이들보다 뛰어난 경우가 많습니다.

뇌는 나이와 상관없이 변화하고 발달할 수 있습니다. 그러므로 뇌를 잘 알고 관리하면 노화의 속도를 늦출 수 있으며 기억력도 더 좋아질 수 있습니다. 때때로 생각이 나지 않는 상황과 맞닥뜨릴 때는 나이를 탓하며 포기하지 말고 기억력 향상에 도움을 주는 방법을 찾아 노력해 봅시다.

뇌가 젊어지는 방법

1) 꾸준히 두뇌 활동을 한다 : 손을 사용하여 뇌를 자극하면 좋습니다. 종이접기, 색칠하기, 퍼즐 등을 자주 풀면 뇌의 기능을 향상시킬 수 있습니다.
2) 몸을 움직인다 : 유산소 운동이나 근육 운동을 늘립니다. 근육 운동뿐 아니라 사회활동과 긍정적인 사고를 하는 사람은 치매에 걸릴 확률이 낮아집니다. 걷기, 등산, 수영, 명상 등 운동을 꾸준히 합니다.
3) 식사에 신경을 쓴다 : 뇌를 지키기 위해서는 제때에 규칙적으로 식사하고 생선·채소·과일 등을 많이 섭취하며 기름진 음식은 자제하도록 합니다. 특히 비만이 되지 않도록 체중 조절에 신경 써야 합니다.
4) 사람들과 적극적으로 교류한다 : 다양한 인간관계를 유지하고 여러 사람과 교류하도록 노력해야 합니다. 봉사활동 등을 통해 좀 더 다양하고 친밀한 사회적 관계를 맺을 수 있습니다. 홀로 집에만 있지 말고 밖으로 나가서 만나도록 합시다.

뇌의 기능

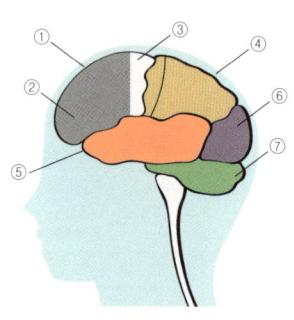

① **전두엽**_ 머리의 앞부분으로, 사고·의욕·이성을 담당한다. 전두엽이 손상되면 감정 조절이 안 되어 변덕이 심하고 충동적인 행동이 증가한다. 종이접기나 퍼즐, 그림 색칠, 외국어 배우기 등으로 활성화된다.

② **전두전야**_ 전두엽 아래쪽에 위치. 전두전야의 기능이 저하되면 단어가 잘 생각이 안 나거나 깜빡깜빡하는 일이 자주 일어난다. 뇌의 노화와 관계가 깊어 치매 예방에 있어서 중요한 부위이다.

③ **체성감각야**_ 피부, 운동, 평형감각을 담당하는 곳이다.

④ **두정엽**_ 정수리 뒤쪽에 위치. 외부에서 들어오는 정보를 조합하고 신체의 움직임, 계산 등을 수행한다.

⑤ **측두엽**_ 관자놀이 부근. 기억의 저장과 청각, 맛과 냄새를 받아들여 해석하는 역할과 언어를 이해하고 해석한다.

⑥ **후두엽**_ 뒤통수 쪽에 위치. 눈으로 들어온 시각 정보가 모이는 곳으로, 사물의 모양이나 위치 등을 분석한다.

⑦ **소뇌**_ 운동 기능을 조절하는 역할을 하는데 평형 감각, 즉 몸의 움직임의 밸런스를 잡아준다.

처음 시작하는 종이접기, 어렵지 않습니다.
친절한 설명으로 혼자서도 쉽게 접을 수 있어요.

이 책 활용법

처음 책을 펼치면 접기 기호, 접는 방법 등 매우 복잡하고 어렵게 느껴지지만
상세한 설명을 덧붙여 혼자서도 쉽게 종이접기에 도전할 수 있습니다.

가장 쉽고 간단한 작품부터

강아지·수박·비행기처럼 단 몇 번만에 쉽게 접을 수 있는 작품을 각 장의 맨 앞에 배치했습니다. 상자·쇼핑백·액자처럼 일상생활에서 자주 사용하거나 인테리어 소품으로도 손색없는 작품들과 어렸을 때 한 번쯤 가지고 놀았을 법한 공, 바람개비 등 31개 작품을 소개했습니다.

난이도 체크 ★☆☆

종이접기를 처음 시작하는 분들은 ★ 한 개 작품부터 시작해 보세요. 이 책에서는 가장 손쉽게 접을 수 있는 작품부터 배치하여 쉽게 따라 할 수 있을 거예요. 서툴더라도 포기하지 않고 따라하는 게 중요합니다. 그리고 조금 익숙해지면 ★★ 두 개 작품, 그 다음 ★★★ 세 개는 접는 방법이 조금 어렵고 접는 횟수가 많은 것입니다. 도전해 보세요.

이 책 활용법 (계속)

그림으로 더 자세히

어렵거나 헷갈리는 부분은 그림으로 더 자세히!

접기 기호가 있어도 어떤 방향으로 어떻게 접어야 하는지 어렵게 느껴진다면 그 다음 단계에서 자신이 접은 게 맞는지 참고할 수 있습니다. 종이접기를 처음 시작할 때는 설명이 있어도 왠지 어렵고 따라 하기에 쉽지 않은 부분이 있는데 그런 부분은 한번 더 그림으로 설명했습니다. 어려울 때는 그림을 참고해서 접어 보세요.

큰 글씨로 시원하게

A4 크기의 책자에 시니어의 눈높이에 맞춘 보기 쉬운 그림과 큰 글씨로 시원하고 편하게 볼 수 있습니다. 빽빽하고 깨알 같은 작은 글씨와 그림으로 눈의 피로는 물론 책 읽기에 불편을 겪는 분들이 많을 텐데 이 책은 글자가 커서 노안이나 저시력으로 고생하시는 분들도 편하게 보실 수 있습니다. 단지 한 단계씩 순서대로 접기만 하면 OK!!

스티커 붙이고 꾸미기

각 작품의 마지막 단계에 눈이나 모양 스티커를 붙여 완성하거나 직접 그리도록 구성했습니다. 여러 가지 모양을 선택하여 붙여서 귀엽게 완성할 수 있으므로 재미도 배가 됩니다.

각 장의 종이접기가 끝나면 앞에서 직접 접은 작품들을 붙여서 작품집처럼 간직할 수 있도록 했고, 또한 재미있게 접어본 후 그 종이접기 작품에 해당하는 스티커를 골라 붙이면서 재미있게 활용하도록 구성했습니다.

차례

머리말 ··· 4
뇌의 기능 ··· 6
이 책 활용법 ·· 7
접기 기호 ·· 12
기본 접기 ·· 15
준비물 ··· 18

동물

강아지　20

고양이　21

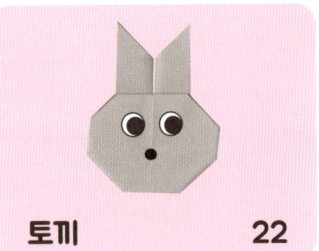
토끼　22

백조　23

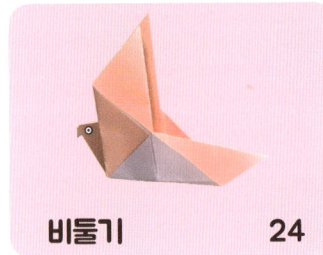
비둘기　24

개구리　26

식물·과일

수박　30

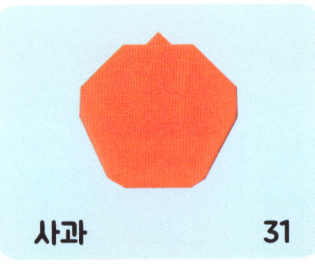
사과　31

버섯　32

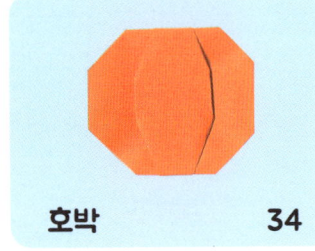
호박　34

카네이션　36

튤립　38

접기 기호

계곡 접기

점선이 안으로 들어가도록 위로 접어 주세요.

산 접기

점선이 밖으로 보이도록 접어 주세요.

접었다 펴기(표시선 만들기)

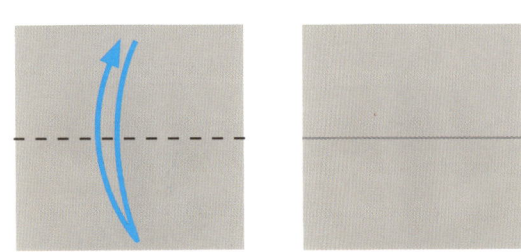

접었다 펴서 표시선을 만들어 주세요.

계단 접기

산 접기를 한 다음 조금 간격을 벌리고 계곡 접기를 해 주세요.

맞춰 접기

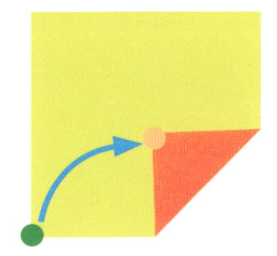 

모서리 ●와 ●를 맞춰 접어 주세요.

안으로 넣어 접기

비스듬히 꺾었다 펴서 표시선을 만들고 삼각형 모양의 표시선을 따라 안으로 넣어 접어 주세요.

접기 기호

밖으로 뒤집어 접기

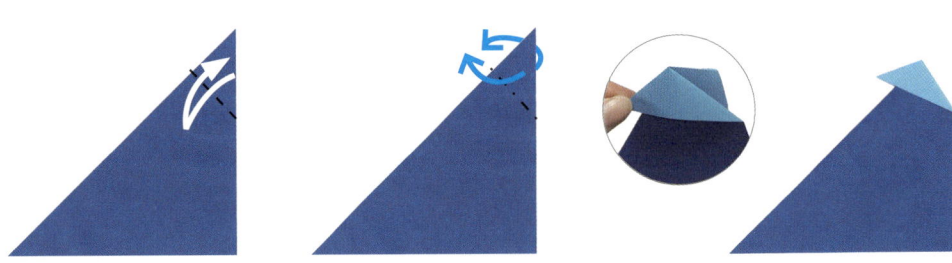

아래로 비스듬히 꺾었다 펴서 표시선을 만들고 밖으로 뒤집어 접어 주세요.

뒤집기

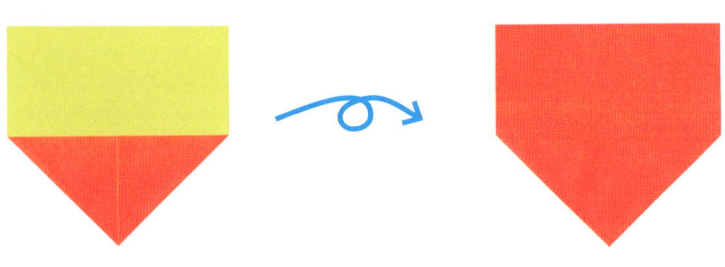

뒷면으로 뒤집어 주세요.

회전하기

180도 회전해 주세요.

기본 접기

삼각 접기

반으로 올려 접어 주세요.(계곡 접기)

아이스크림 접기

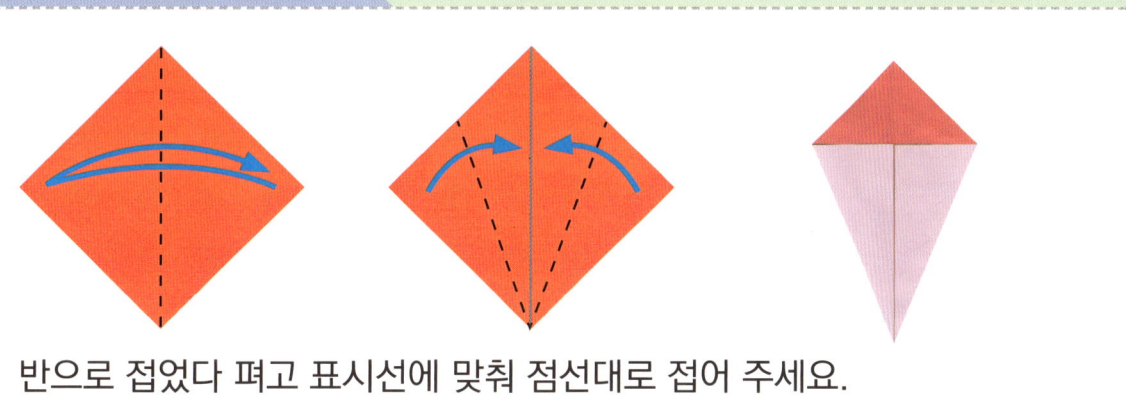

반으로 접었다 펴고 표시선에 맞춰 점선대로 접어 주세요.

대문 접기

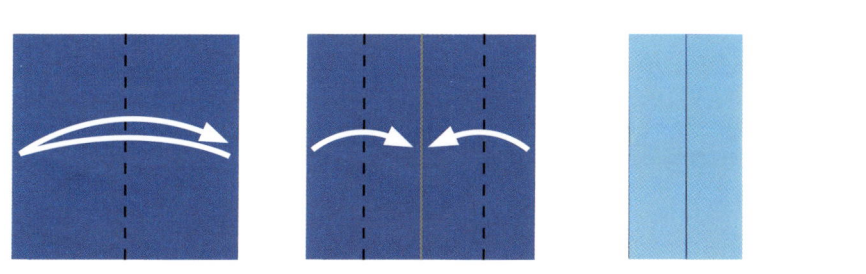

반으로 접었다 펴서 표시선을 만들고 그 표시선에 맞춰 한 번 더 양쪽을 접어 주세요.

기본 접기

방석 접기

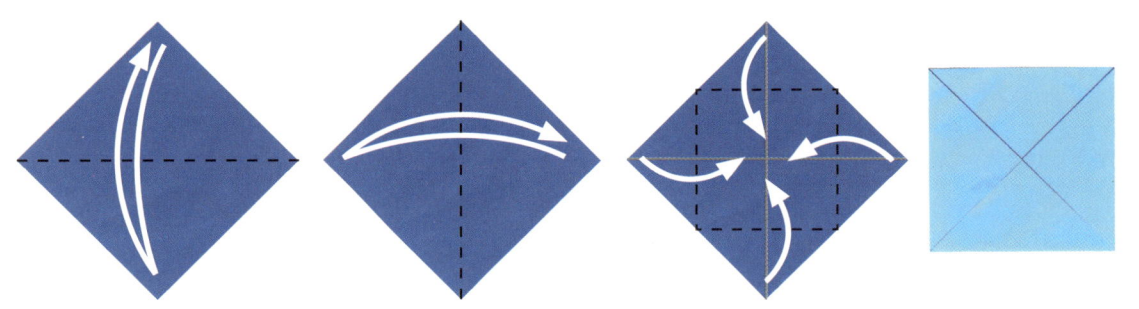

점선대로 접었다 펴고 네 모서리를 중앙에 맞춰 접어 주세요.

삼각 주머니 접기

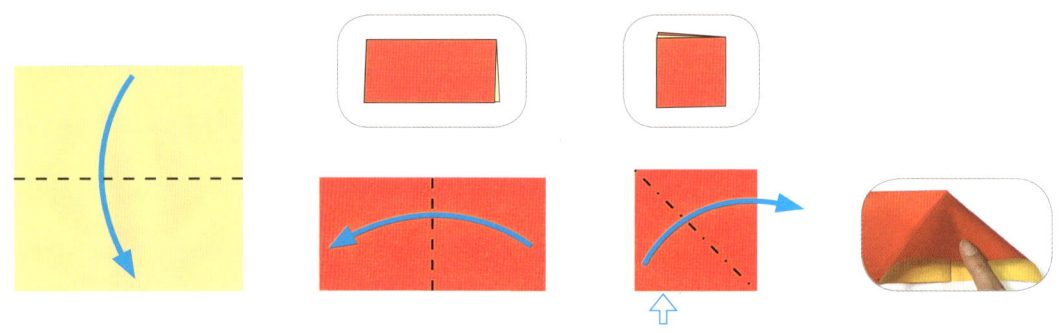

1 종이를 반으로 내려 접고 또 반으로 접어 준 후 아래에 손가락을 넣어 옆으로 벌리면서 눌러 접어 주세요.

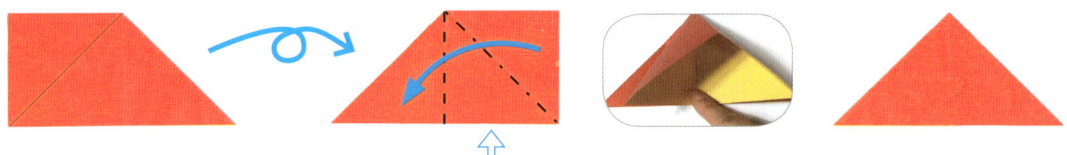

2 뒤집어서 아래로 손가락을 넣어 벌리면서 눌러 접어 주면 삼각 주머니가 만들어집니다.

사각 주머니 접기

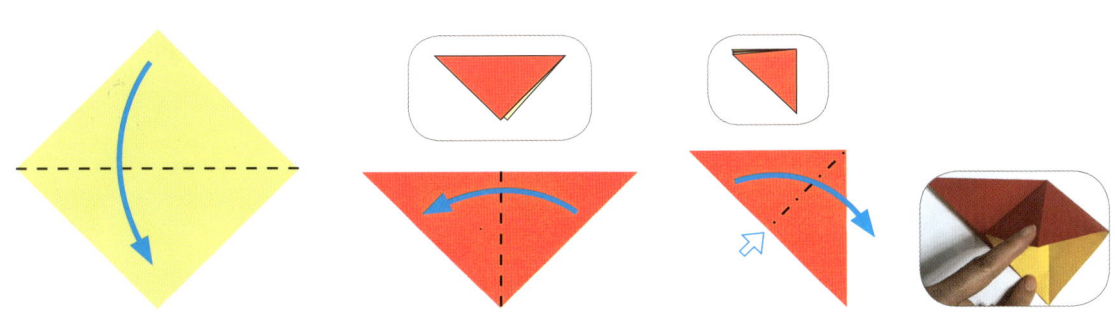

1 종이를 반으로 내려 접고 또 옆으로 반 접어 준 후 아래에 손가락을 넣어 옆으로 벌리면서 눌러 접어 주세요.

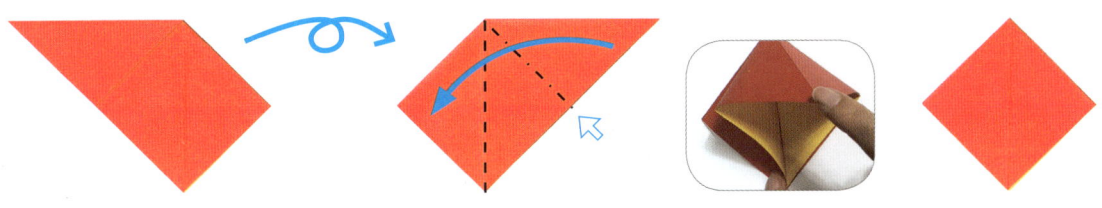

2 뒤집어서 아래로 손가락을 넣어 벌리면서 눌러 접어 주면 사각 주머니가 만들어집니다.

준비물

색종이
15cm×15cm의 단면, 양면 색종이를 사용합니다.

가위, 칼
종이를 자를 때 사용합니다.

펜 등 색칠 도구

스티커를 붙여도 되고 펜이나 색연필 등으로 직접 그려 넣어도 됩니다.

풀

색종이를 붙일 때 사용합니다.

양면테이프

풀이 잘 붙지 않을 때 사용합니다.

그 외

핀, 압정

바람개비를 만들 때 사용합니다.

수수깡

바람개비 만들 때 사용, 문구점에서 구입합니다.

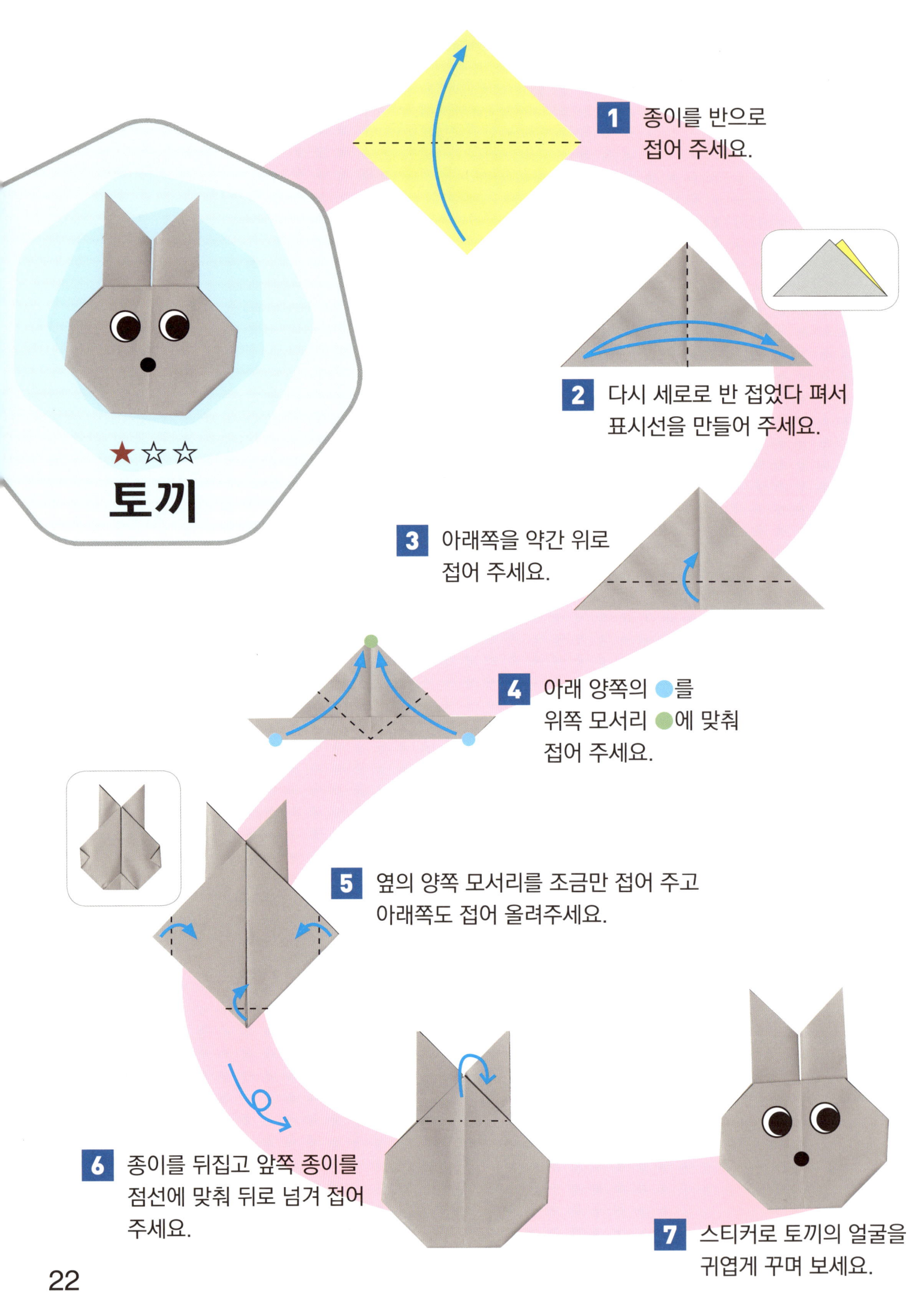

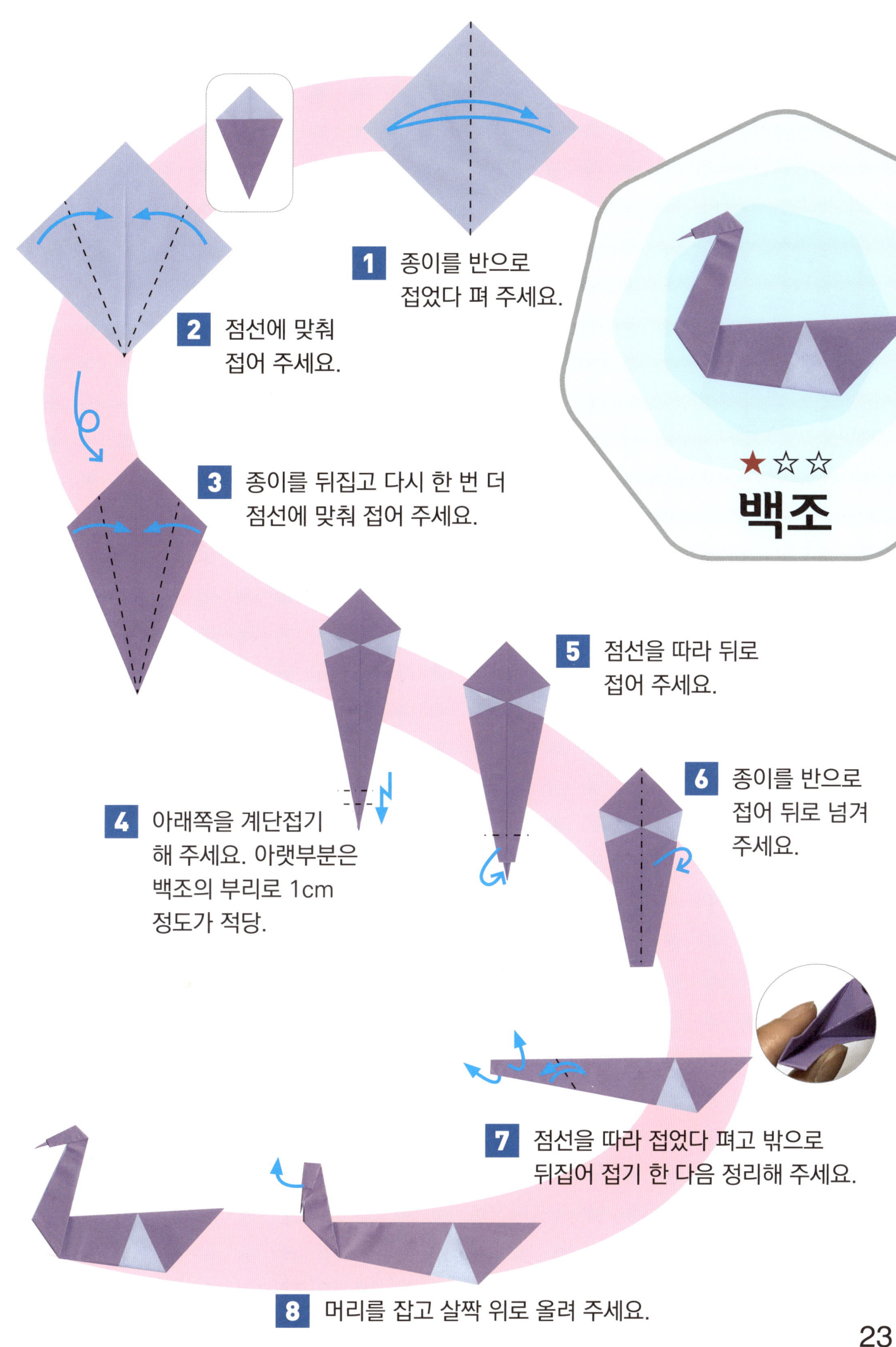

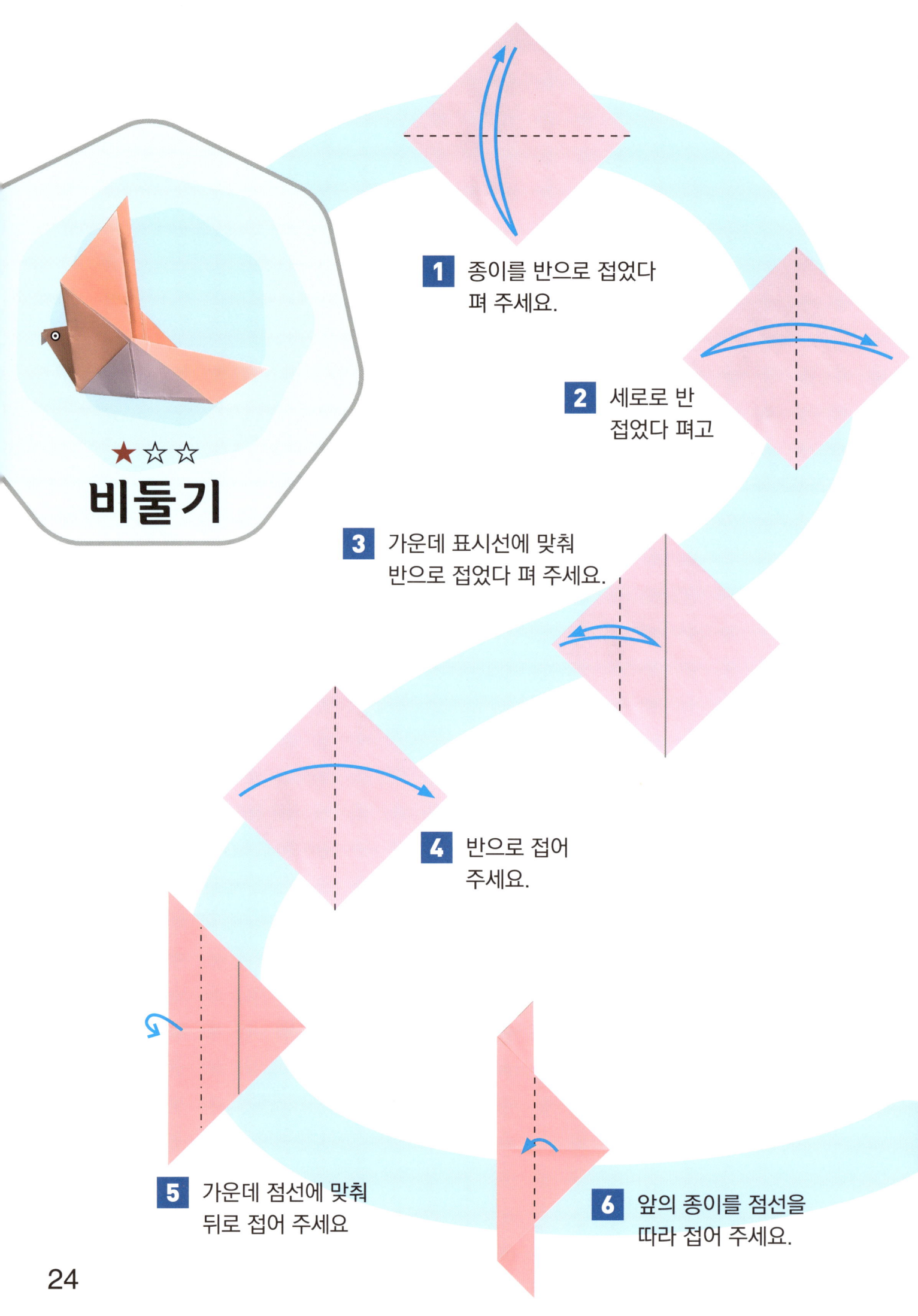

11 삼각형 머리 부분을 안쪽으로 넣어 접기 해 주세요.

10 앞쪽 머리 부분을 점선을 따라 접었다 펴 주세요.

9 아래쪽 종이도 뒤로 접어 올려 주세요.

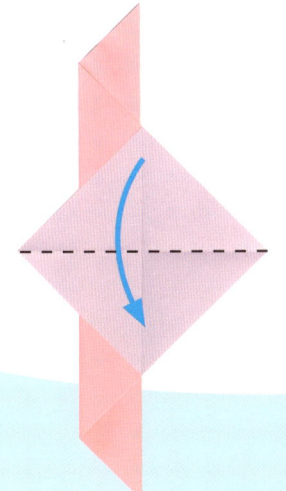

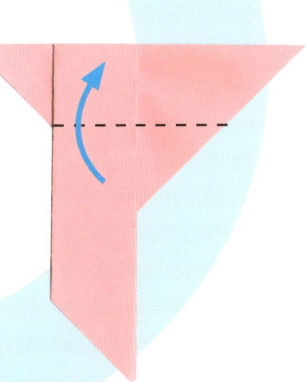

8 점선을 따라 앞의 종이를 올려 접어 주세요.

7 반으로 접어 아래로 내려 주세요.

★★☆
개구리

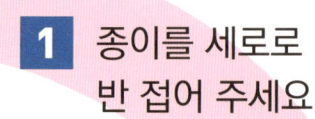

1 종이를 세로로 반 접어 주세요.

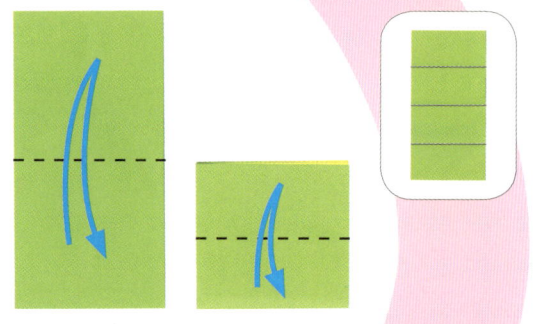

2 가로로 반 접고 다시 한번 더 반 접었다 펴 주세요. 3개의 표시선이 생겼어요.

3 점선에 맞춰 접었다 펴 주세요. 반대쪽도 똑같이 해 주세요. X자 모양이 2개 생겼죠.

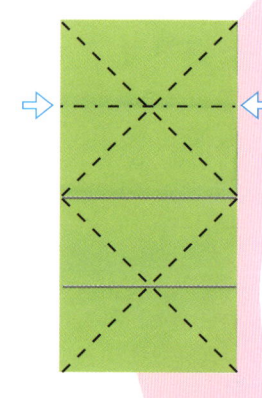  

4 양 옆의 삼각형을 안쪽으로 눌러주면 위쪽에도 삼각형 모양이 생겨요. 잘 눌러 접어 주세요.

5 아래쪽도 똑같이 만들어야 해요. 양 옆의 삼각형을 안쪽으로 눌러주면 삼각 주머니 모양이 생겨요.

11 점선을 따라 계단접기 해 주세요.

12 눈을 붙여 주면 귀여운 개구리가 돼요.

10 아래를 조금 띄우고 접어 올려서 안쪽으로 넣어 주세요.

9 종이를 뒤집고 점선을 따라서 접어 주세요.

8 아래쪽도 똑같이 접어 주세요.

6 양쪽 모서리를 위 ●에 맞춰 접어 주세요.

7 절반을 바깥쪽으로 내려서 접어 주세요.

27

앞에서 접은 종이접기 작품을 자유롭게 붙이고,
아래 그림자에 해당하는 작품을 스티커에서 골라 붙여 주세요.

식물, 과일

수박
사과
버섯
호박
카네이션
튤립

★☆☆

수박

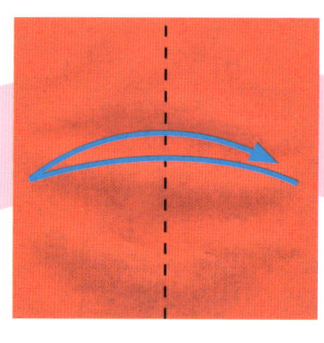

1 종이를 반으로 접었다 펴 주세요.

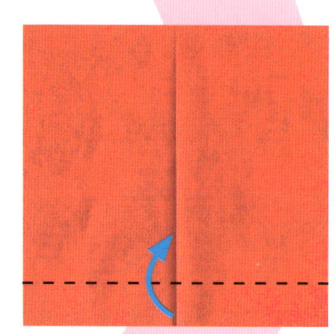

2 아래쪽을 2cm 정도 접어 올려 주세요.

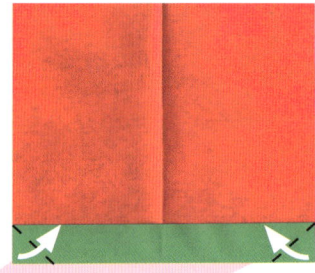

3 점선을 따라 양쪽 모두 접어 주세요.

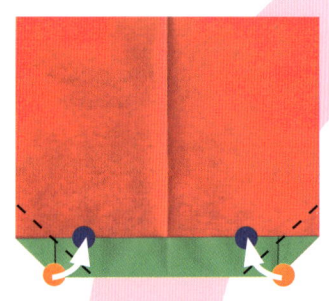

4 ●과 ●가 만나도록 접어 주세요. 반대쪽도 똑같이 접어 주세요.

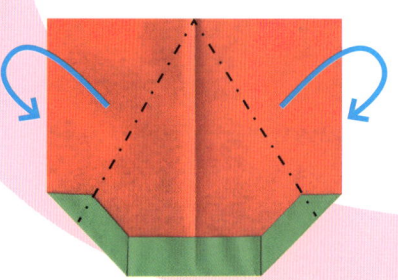

5 점선을 따라 접어서 뒤로 넘겨 주세요.

6 펜으로 수박씨를 그려 주거나 스티커로 꾸며 보세요.

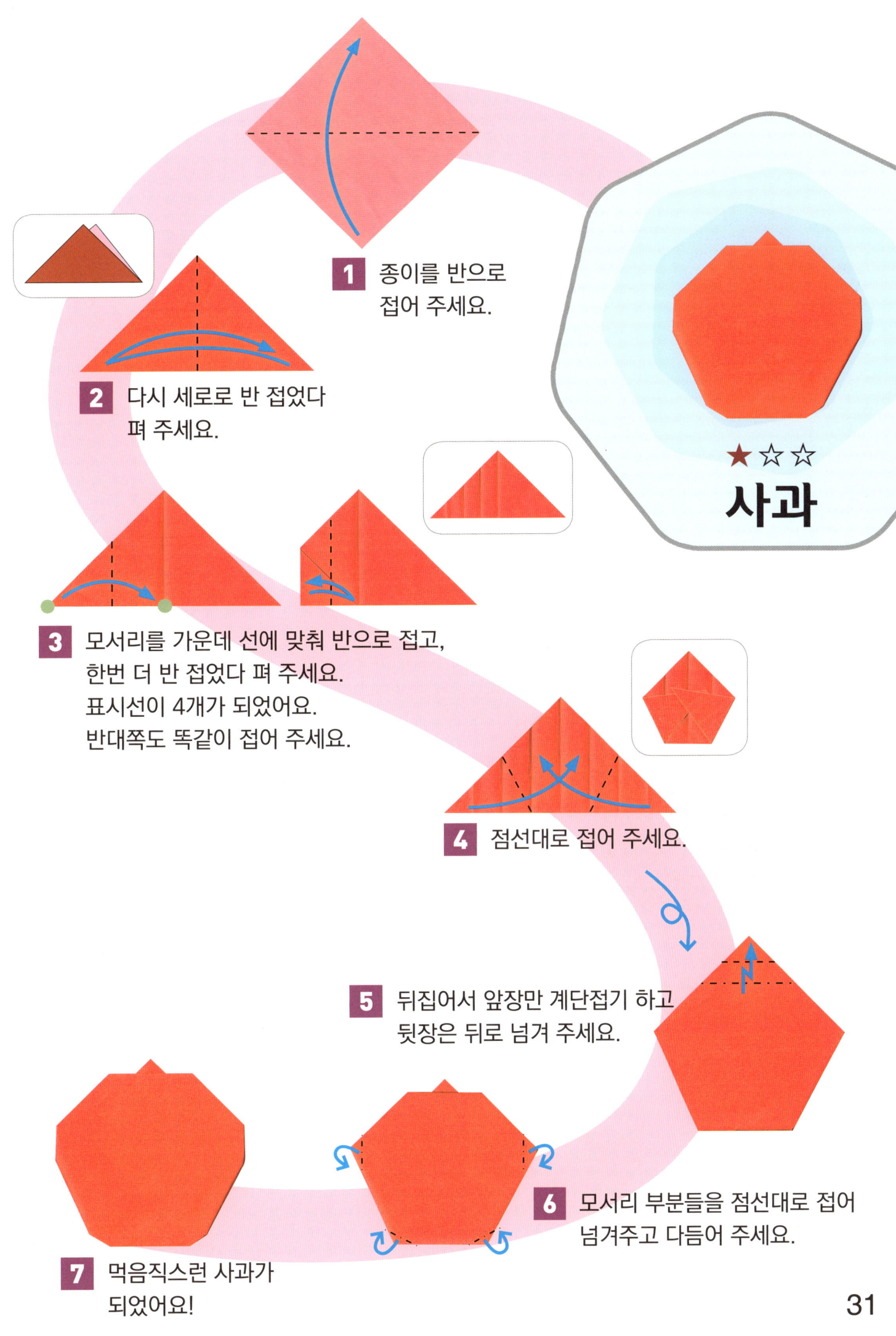

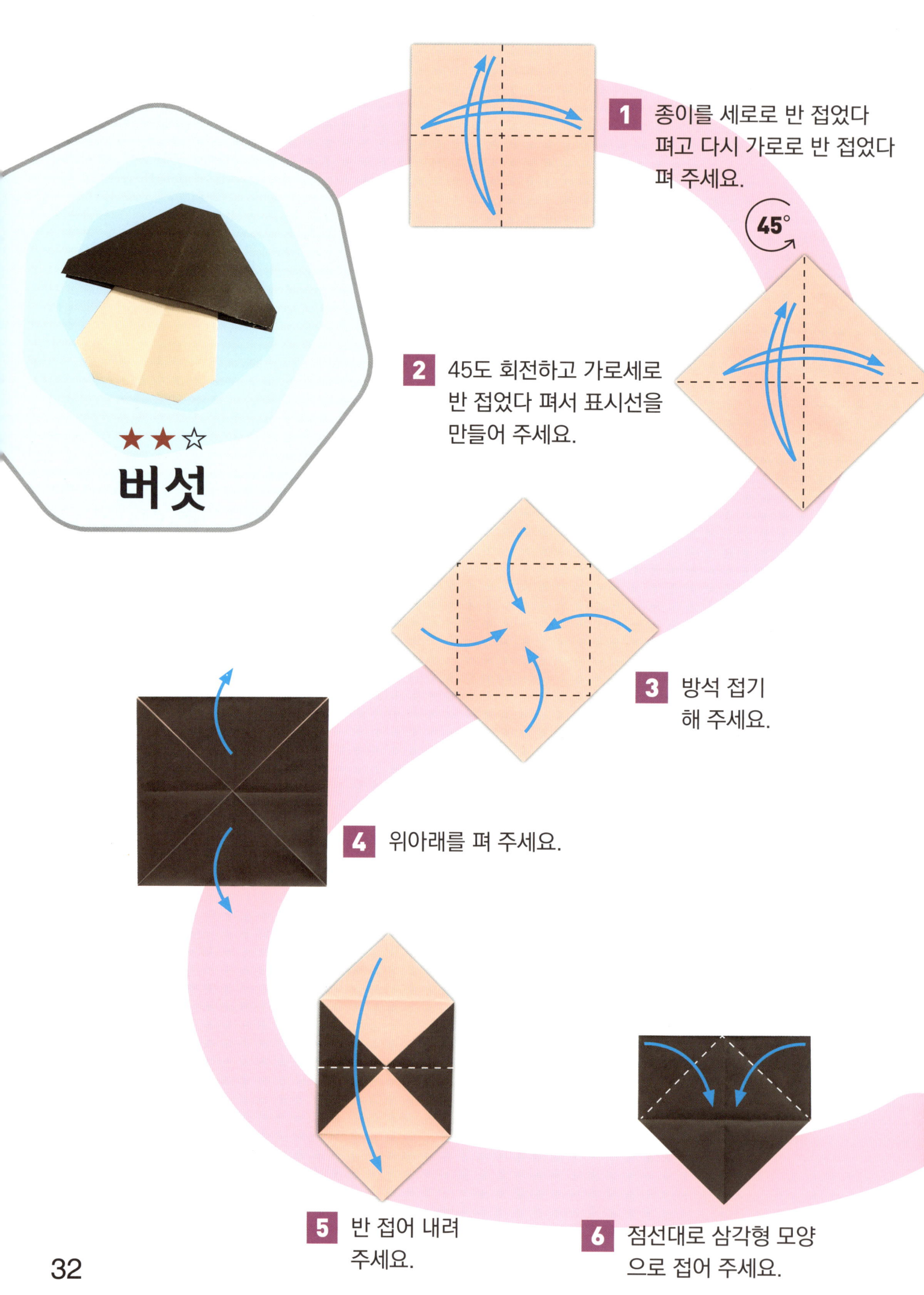

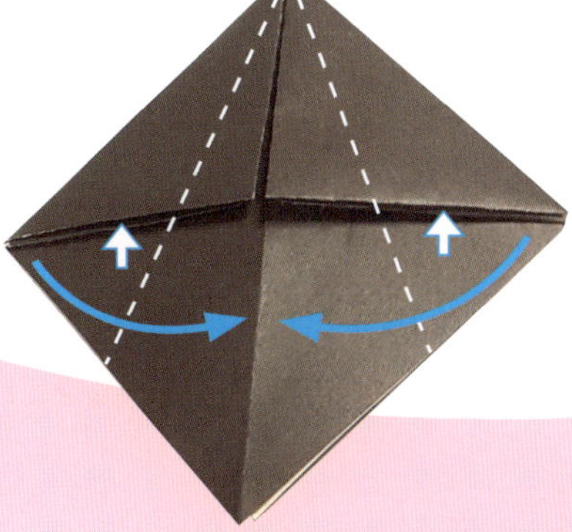

12 위쪽을 접어 넘겨 주세요.

11 안으로 넣어 접어 주세요.

10 양쪽 모서리를 조금 접었다 펴 주세요.

9 뒤집은 후 반 접어 속으로 밀어 넣어 주세요.

8 아래 모서리 ●를 위에서 접어 내린 선 ●에 맞춰 접어 올려 주세요.

7 ⇧에 손가락을 집어넣고 아래 종이를 반 접어 주세요. 양쪽 모두 똑같이 접어 주세요.

33

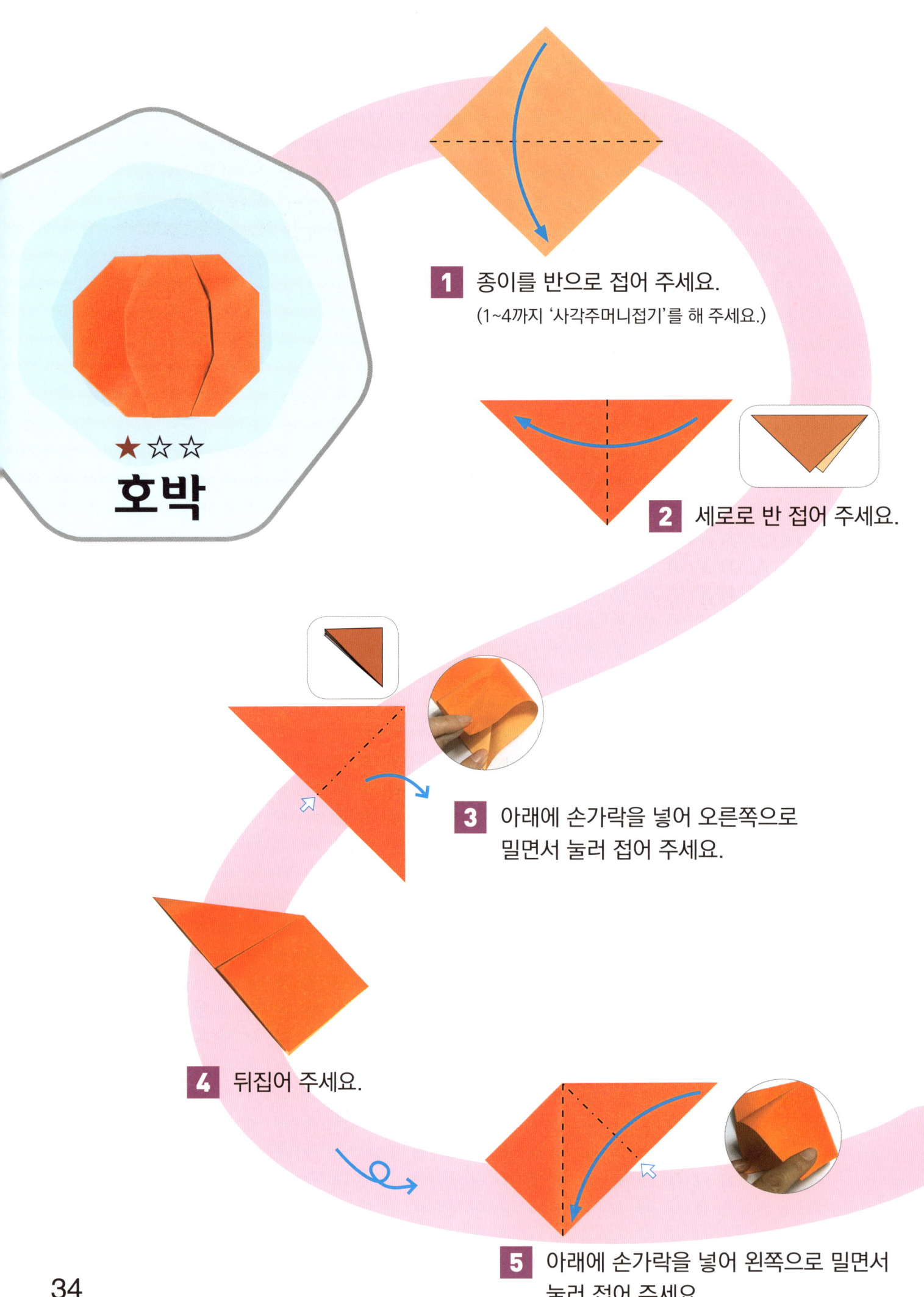

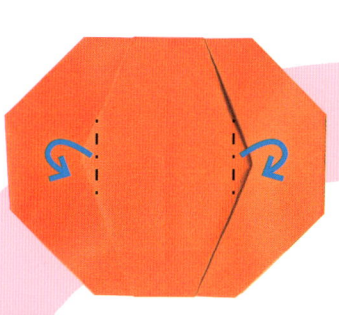

9 안쪽도 점선을 따라 뒤로 넘겨서 다듬어 주세요.

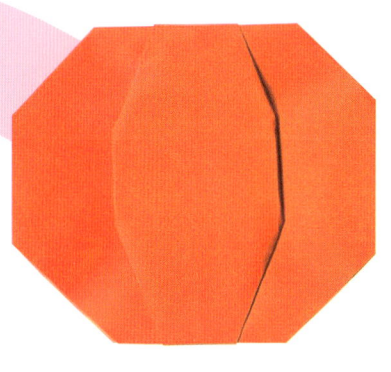

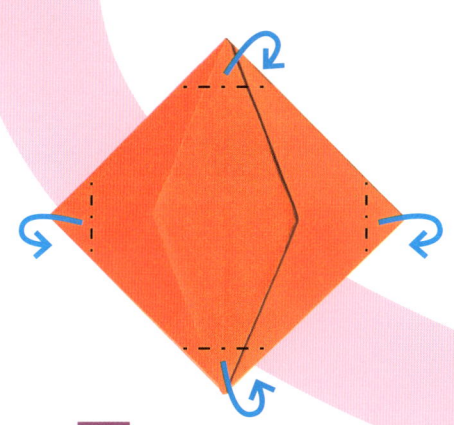

8 네 모서리를 뒤로 접어 주세요.

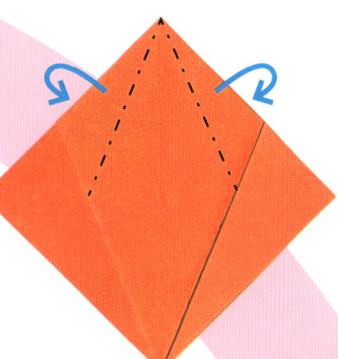

7 위쪽도 점선을 따라 뒤로 넘겨 접어 주세요.

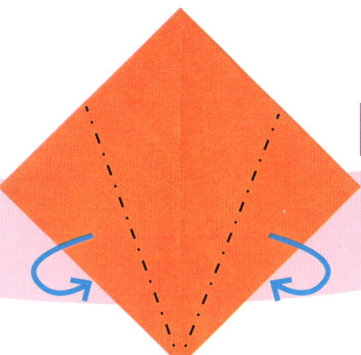

6 점선을 따라 뒤로 넘겨 접어 주세요.

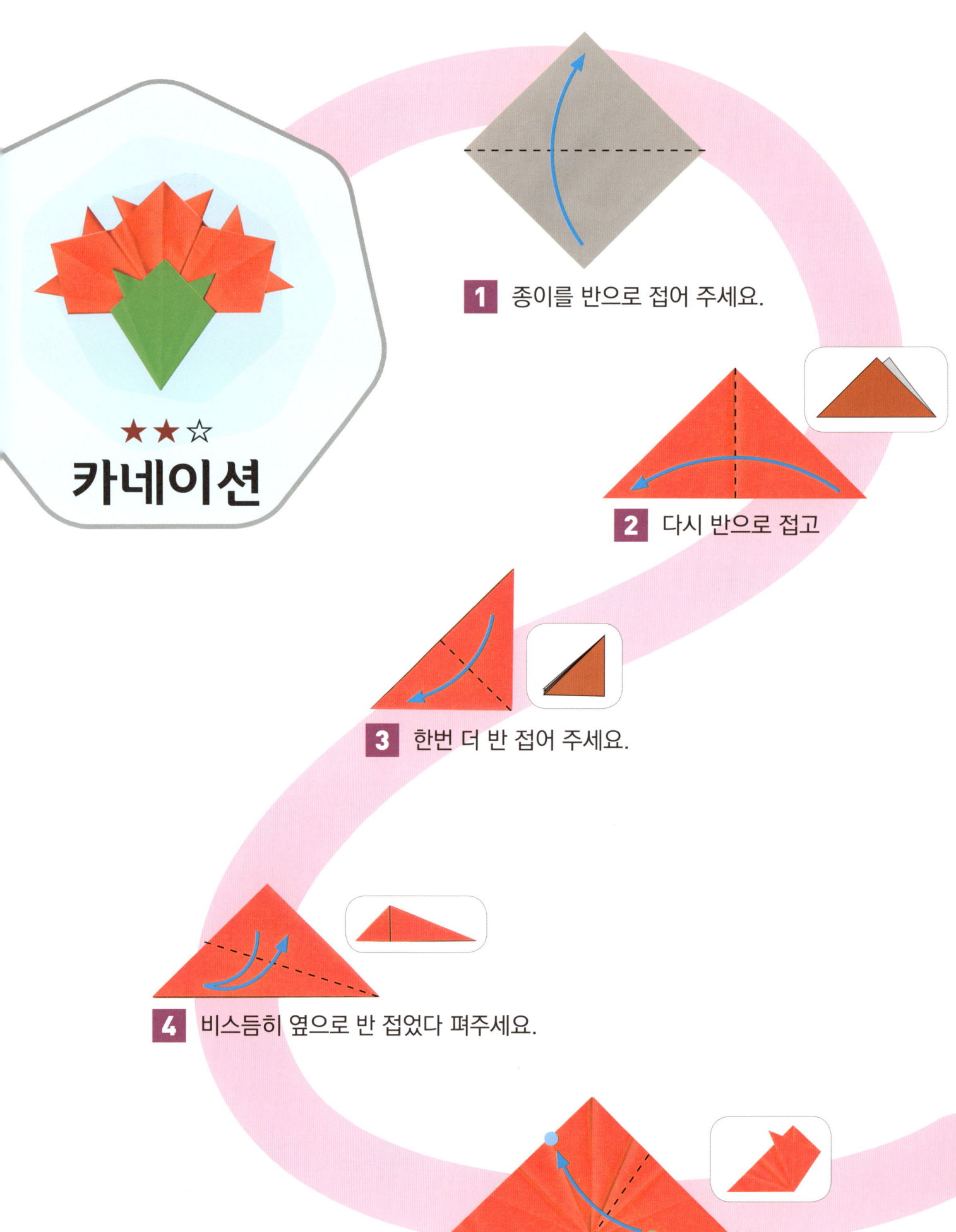

카네이션

★★☆

1. 종이를 반으로 접어 주세요.
2. 다시 반으로 접고
3. 한번 더 반 접어 주세요.
4. 비스듬히 옆으로 반 접었다 펴주세요.
5. ●와 ●를 맞춰 접어 주세요.

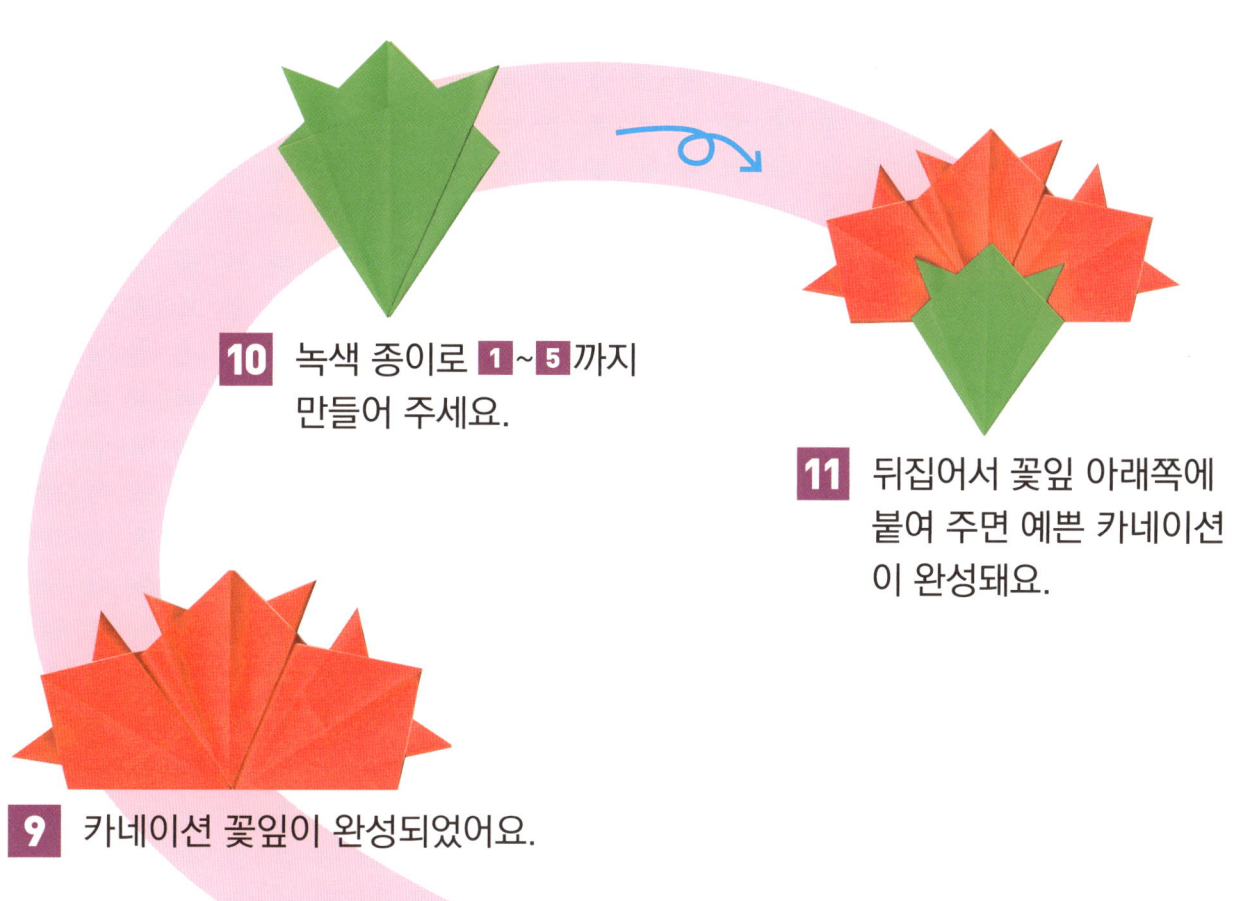

10 녹색 종이로 1~5 까지 만들어 주세요.

11 뒤집어서 꽃잎 아래쪽에 붙여 주면 예쁜 카네이션이 완성돼요.

9 카네이션 꽃잎이 완성되었어요.

8 뒤집어 주세요.

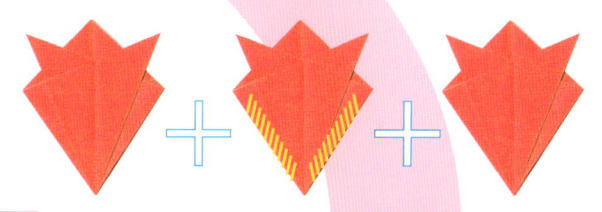

7 하나의 꽃잎이 생겼고, 2개 더 만들어서 풀로 옆을 붙여 주세요.

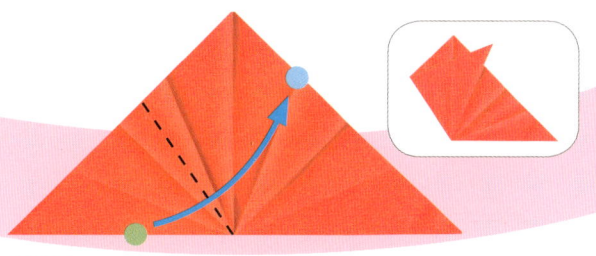

6 반대쪽도 똑같이 접어 주세요.

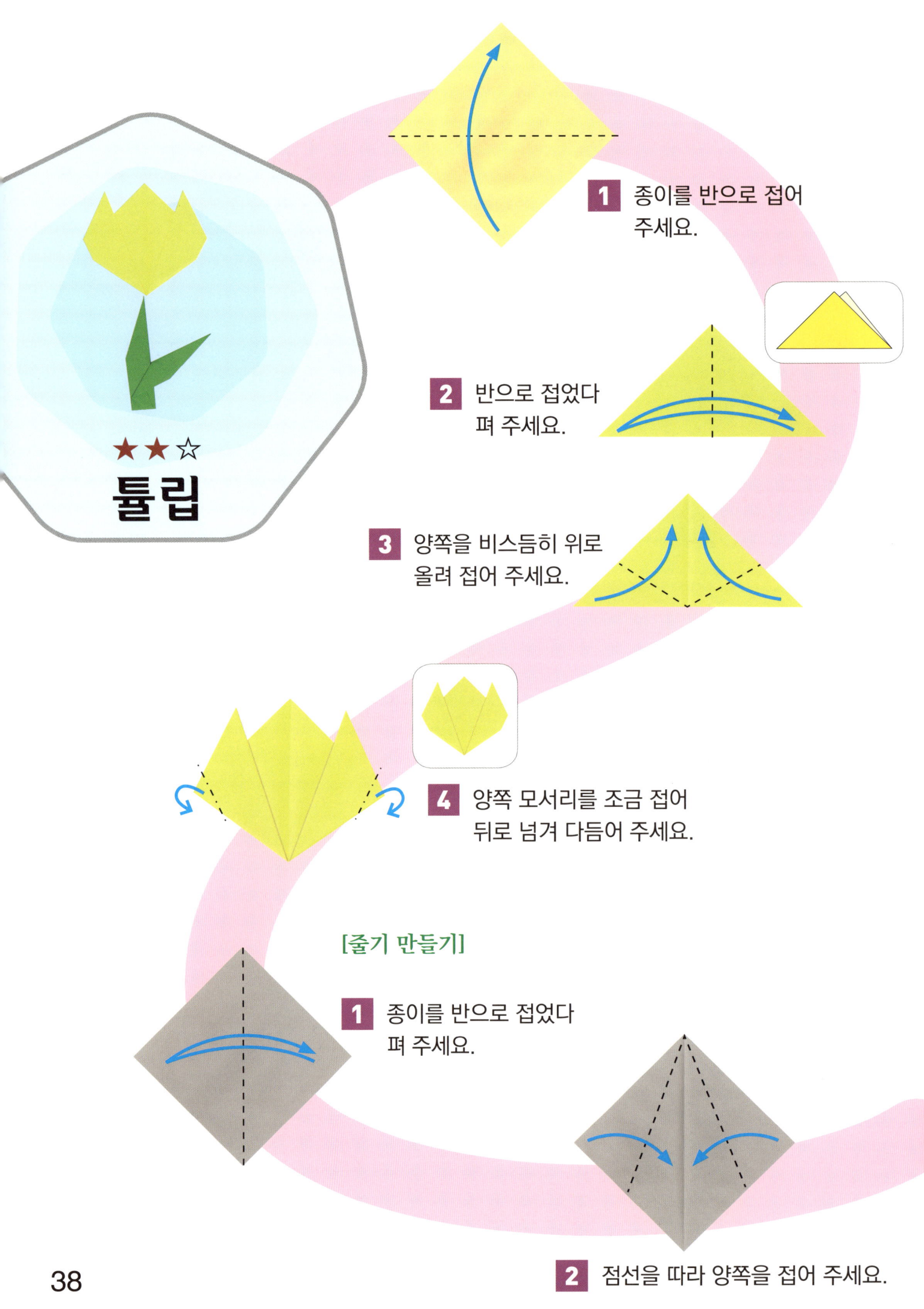

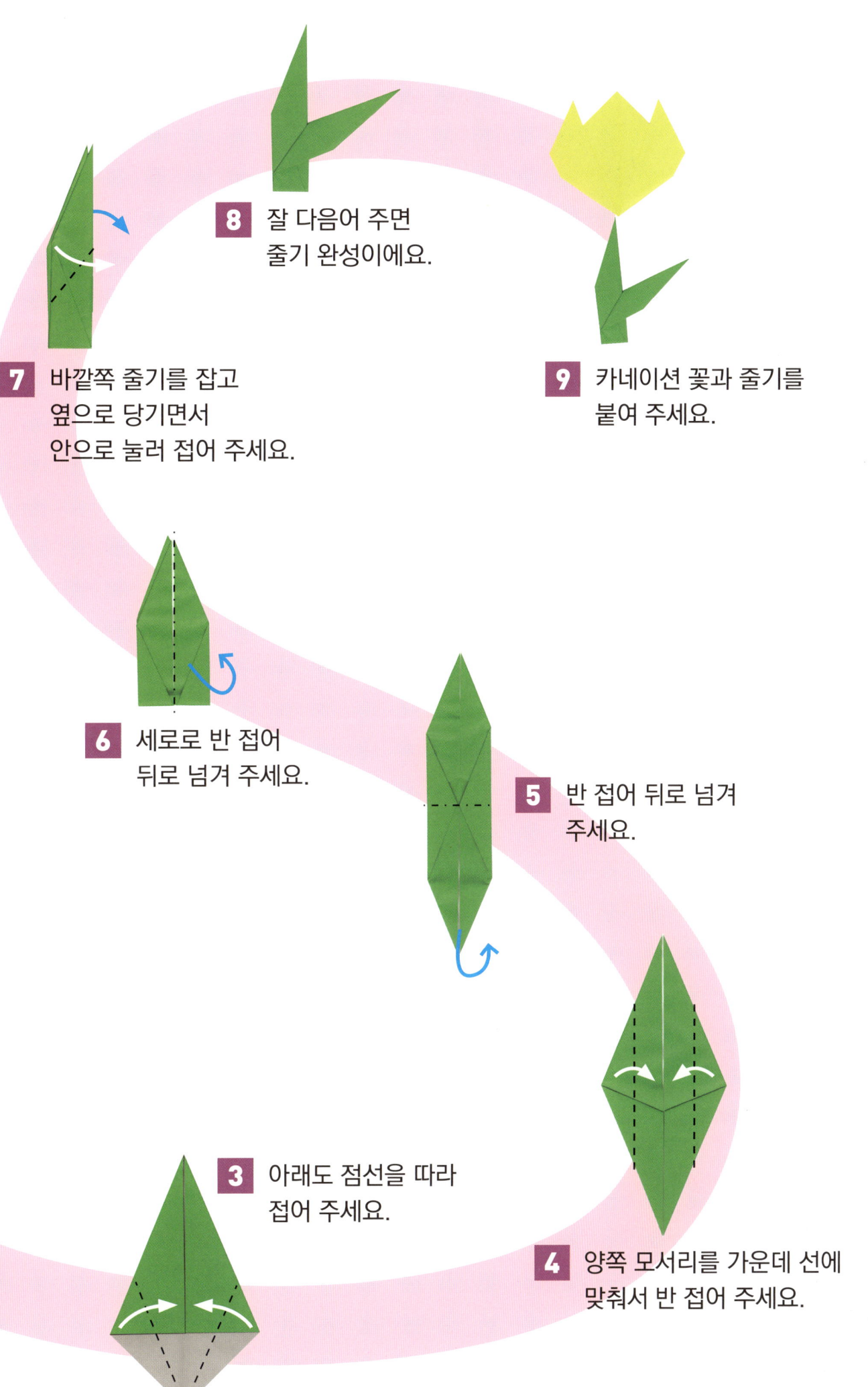

앞에서 접은 종이접기 작품을 자유롭게 붙이고,
아래 그림자에 해당하는 작품을 스티커에서 골라 붙여 주세요.

장난감

비행기

종이배

딱지

표창

동서남북

큐브

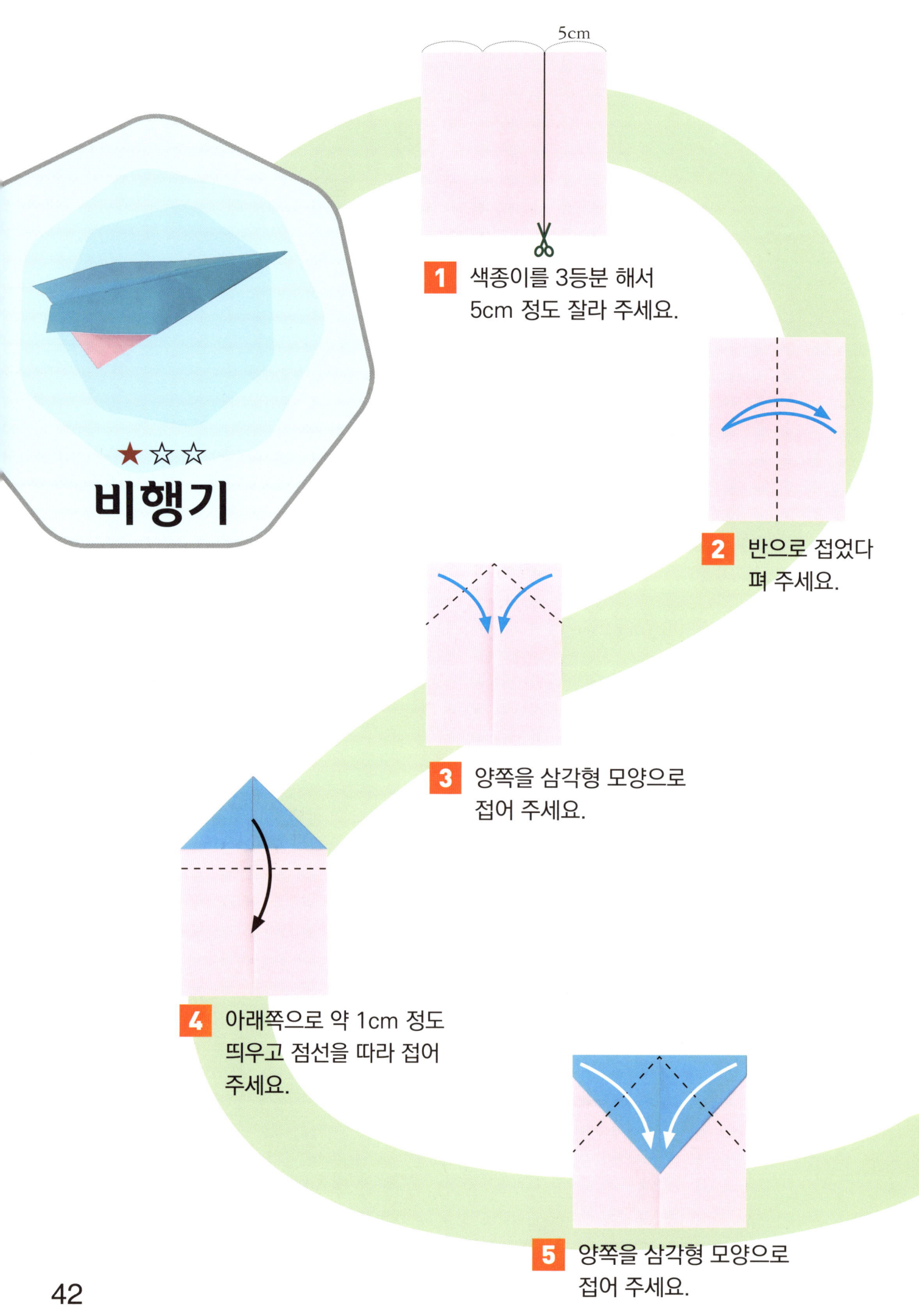

비행기

★ ☆ ☆

1 색종이를 3등분 해서 5cm 정도 잘라 주세요.

2 반으로 접었다 펴 주세요.

3 양쪽을 삼각형 모양으로 접어 주세요.

4 아래쪽으로 약 1cm 정도 띄우고 점선을 따라 접어 주세요.

5 양쪽을 삼각형 모양으로 접어 주세요.

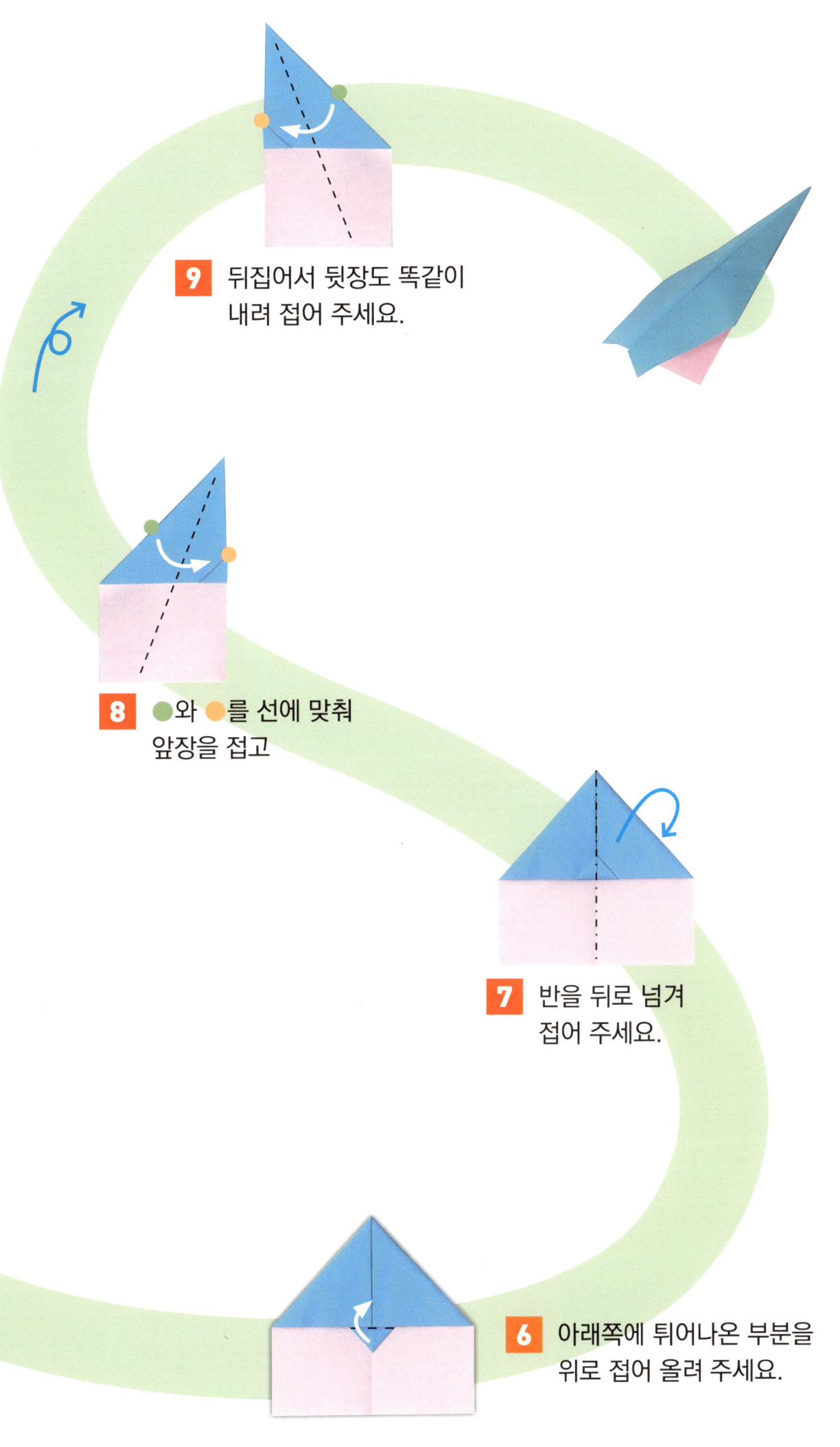

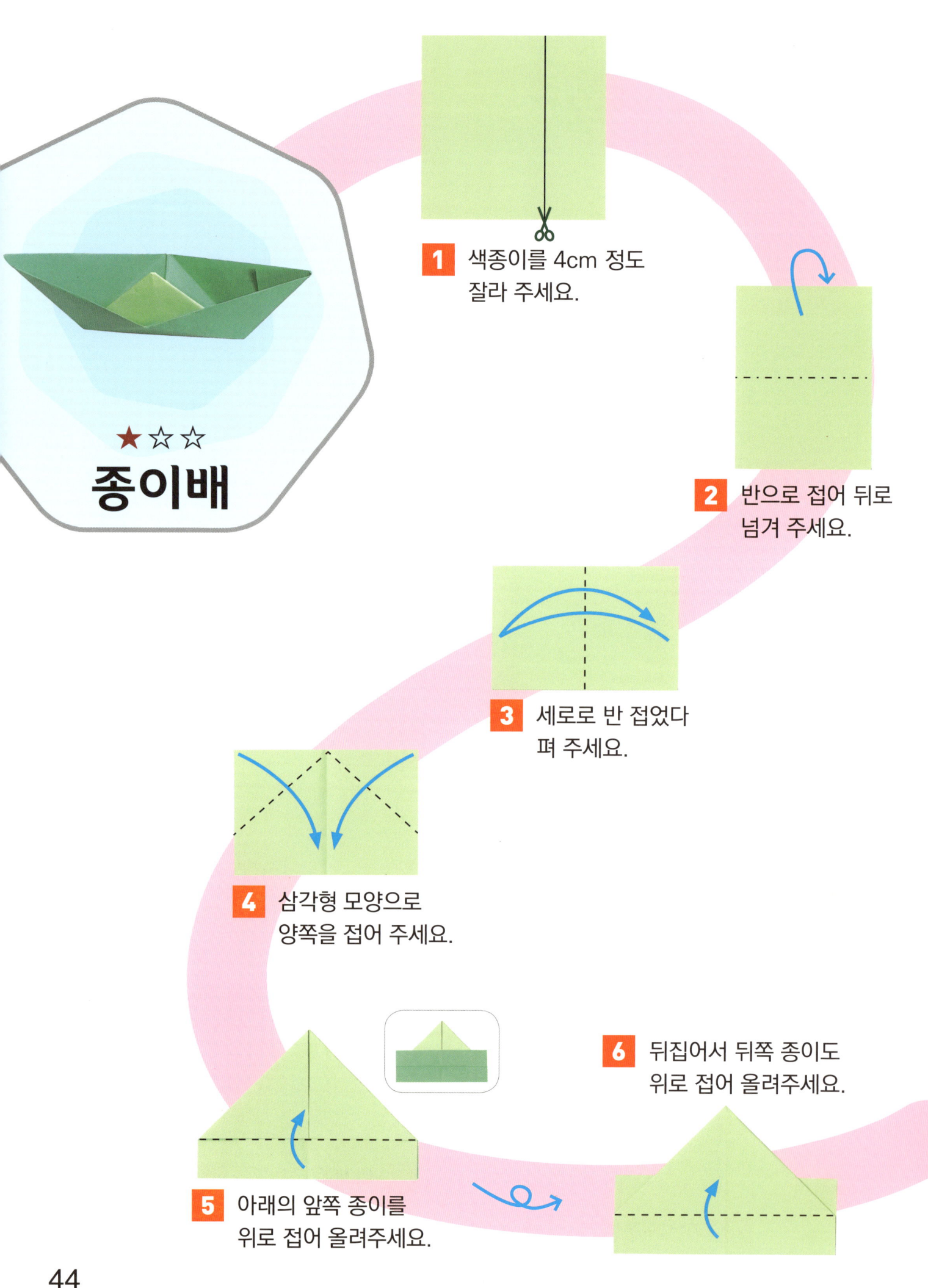

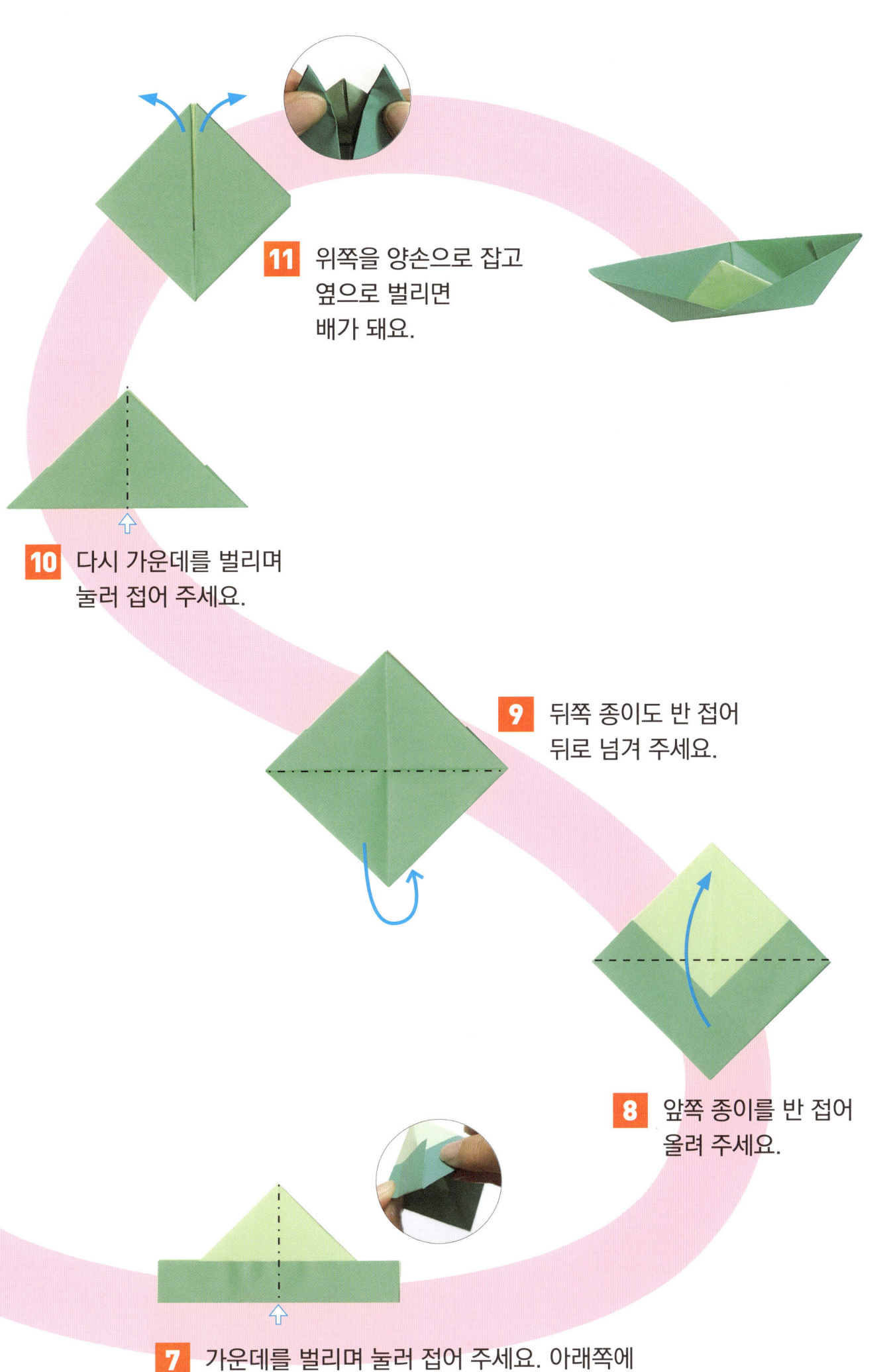

11 위쪽을 양손으로 잡고 옆으로 벌리면 배가 돼요.

10 다시 가운데를 벌리며 눌러 접어 주세요.

9 뒤쪽 종이도 반 접어 뒤로 넘겨 주세요.

8 앞쪽 종이를 반 접어 올려 주세요.

7 가운데를 벌리며 눌러 접어 주세요. 아래쪽에 겹치는 종이는 한쪽을 안으로 넣어 주세요.

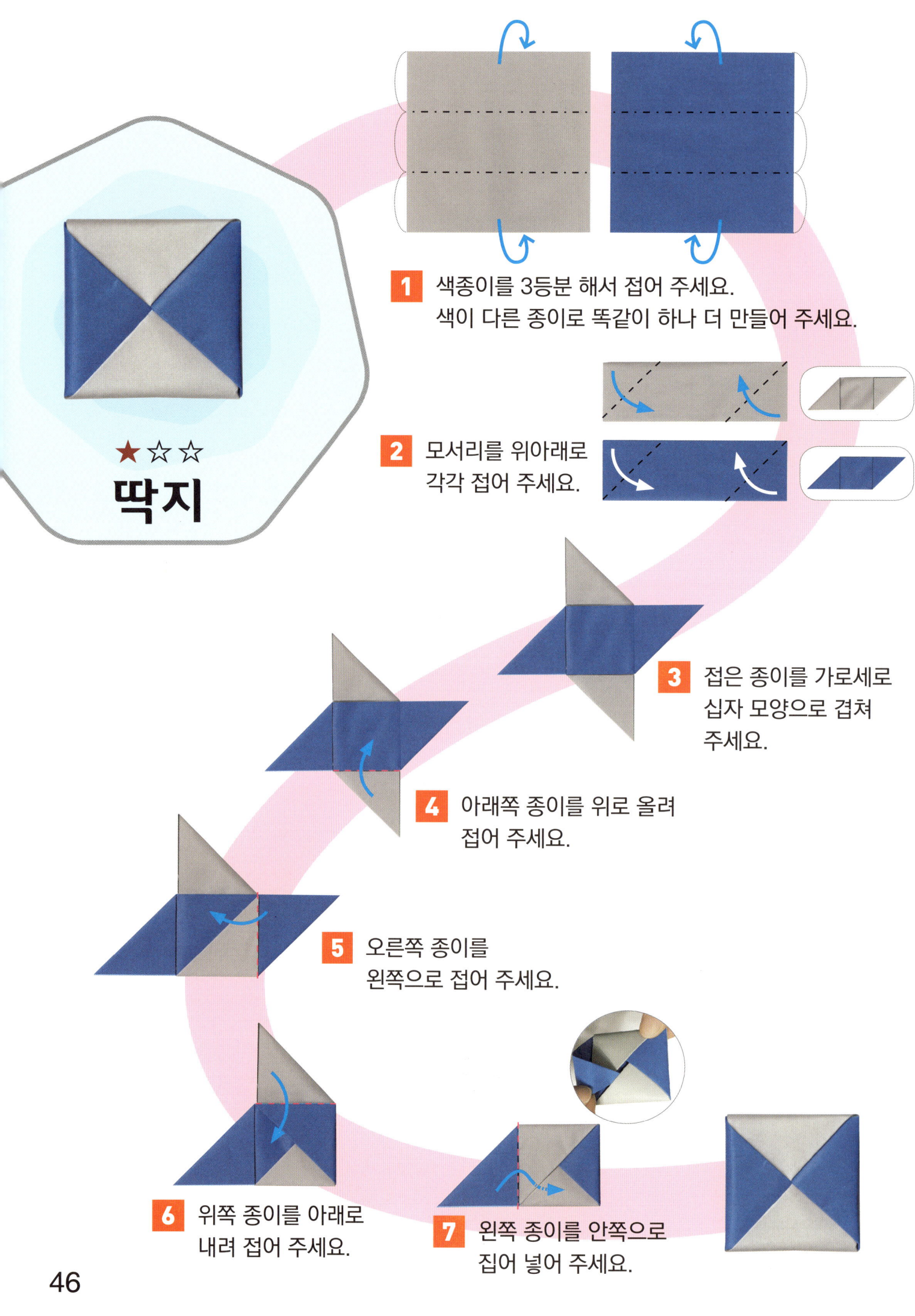

★☆☆
딱지

1 색종이를 3등분 해서 접어 주세요.
색이 다른 종이로 똑같이 하나 더 만들어 주세요.

2 모서리를 위아래로 각각 접어 주세요.

3 접은 종이를 가로세로 십자 모양으로 겹쳐 주세요.

4 아래쪽 종이를 위로 올려 접어 주세요.

5 오른쪽 종이를 왼쪽으로 접어 주세요.

6 위쪽 종이를 아래로 내려 접어 주세요.

7 왼쪽 종이를 안쪽으로 집어 넣어 주세요.

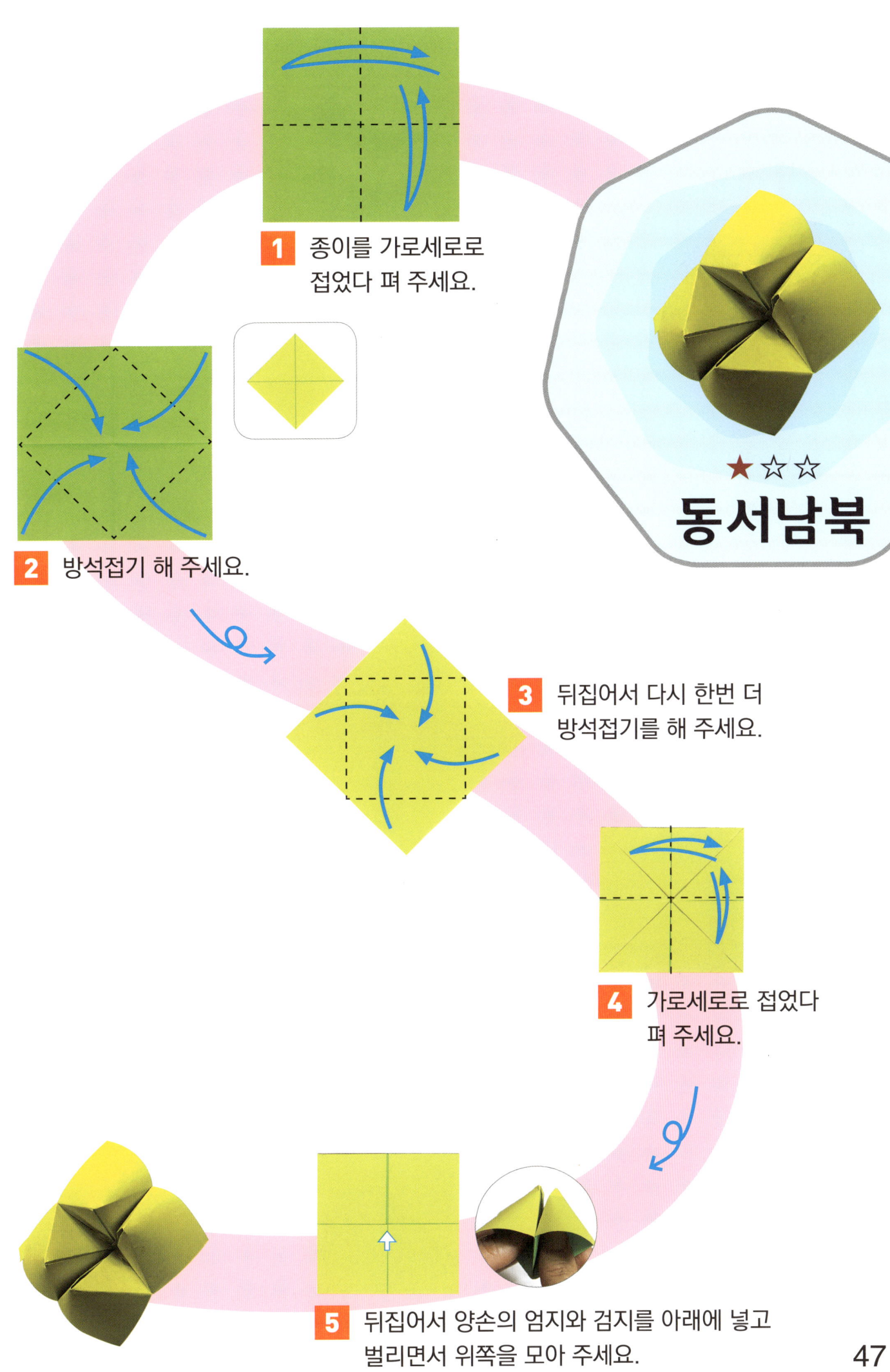

1 종이를 가로세로로 접었다 펴 주세요.

2 방석접기 해 주세요.

3 뒤집어서 다시 한번 더 방석접기를 해 주세요.

4 가로세로로 접었다 펴 주세요.

5 뒤집어서 양손의 엄지와 검지를 아래에 넣고 벌리면서 위쪽을 모아 주세요.

★ ☆ ☆
동서남북

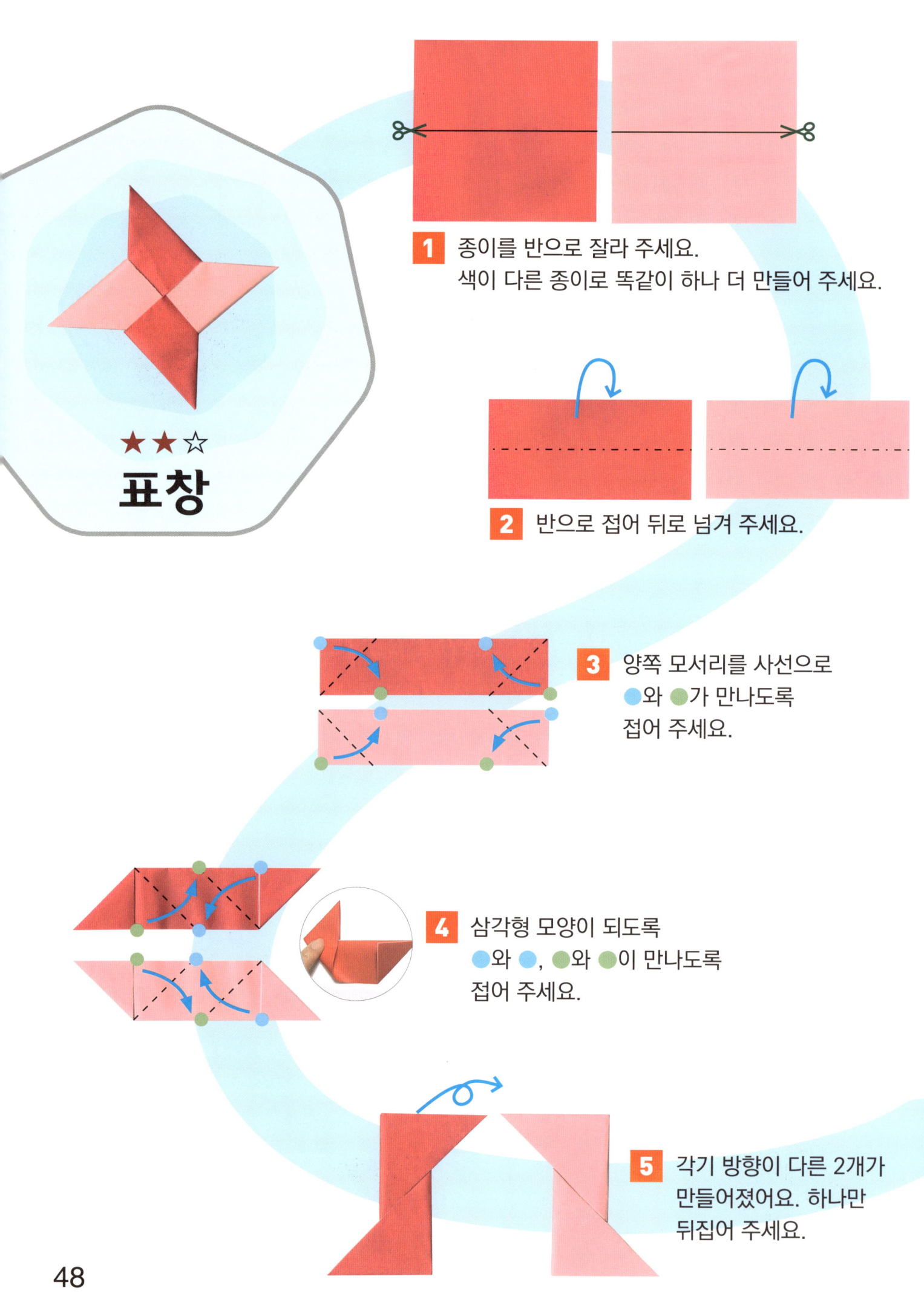

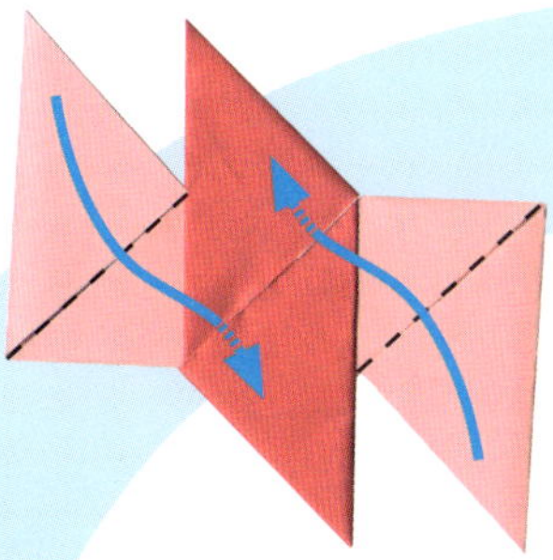

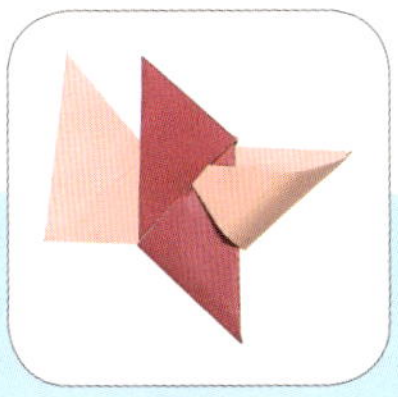

10 종이를 뒤집고 똑같은 방법으로 아래 종이를 접으며 위쪽 종이의 안쪽으로 넣어 주세요.

9 뒤집어 주세요.

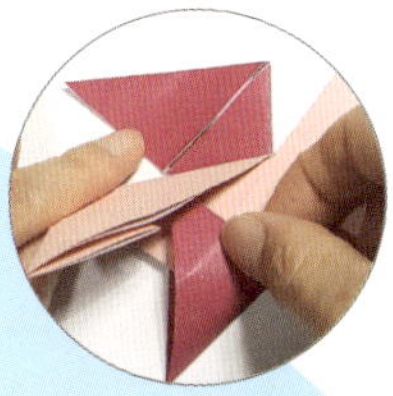

8 아래에 있는 종이를 위쪽 종이의 안쪽으로 밀어 넣어 주세요.

7 뒤집은 종이를 아래에 놓고 나머지 종이는 위에 십자 모양으로 겹쳐 놓아 주세요.

6 같은 방향을 향하게 되었어요.

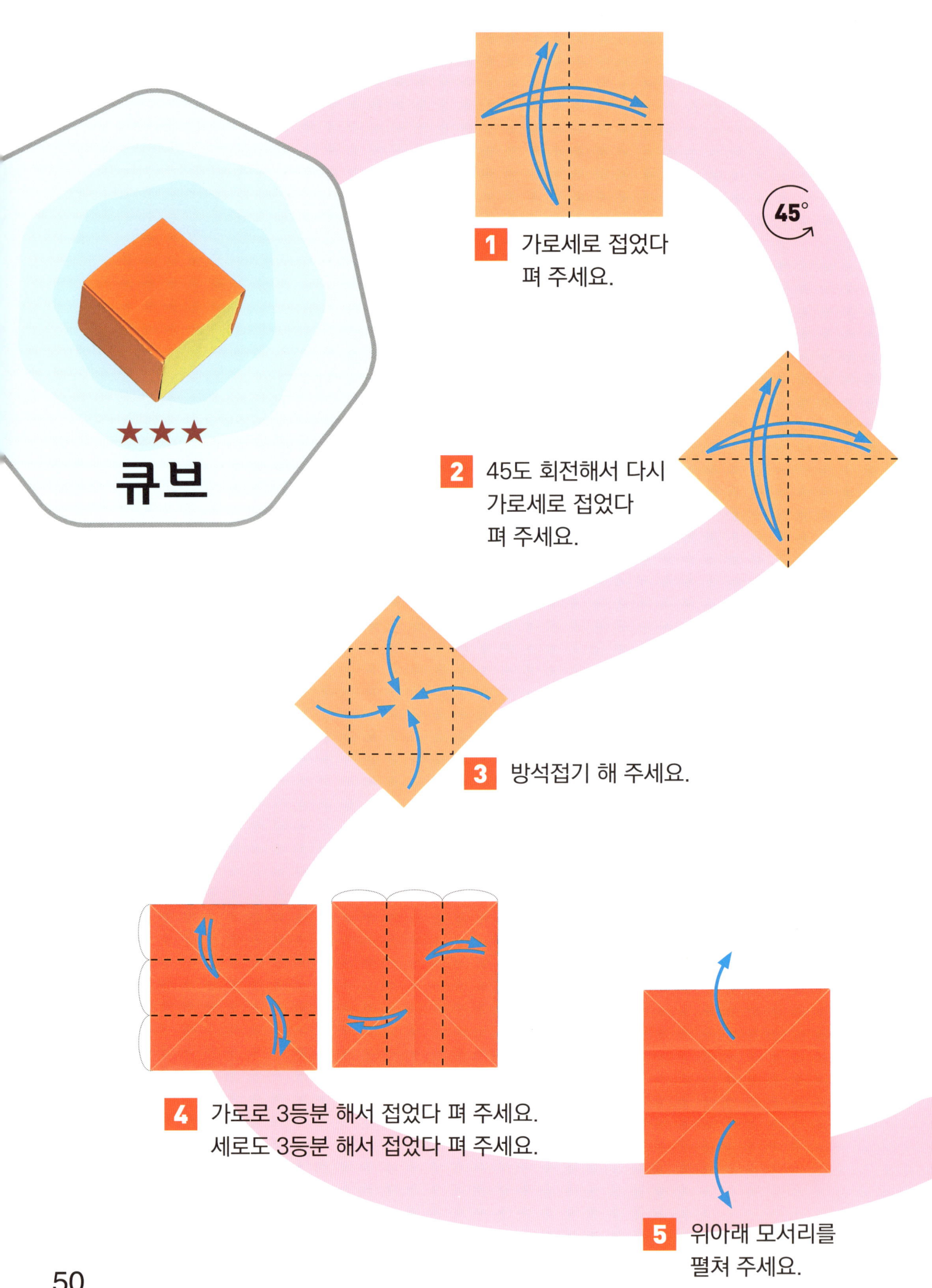

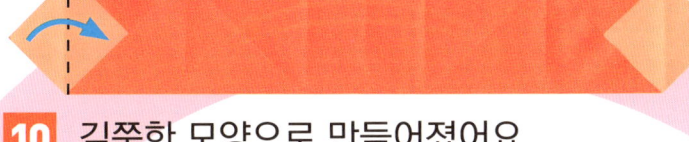

10 길쭉한 모양으로 만들어졌어요.
이제 한쪽 모서리를 옆으로 접어 주세요.

▶ 뒷 장에 계속

9 아래 ●를 위 ●에 맞춰
올려 접어 주세요.

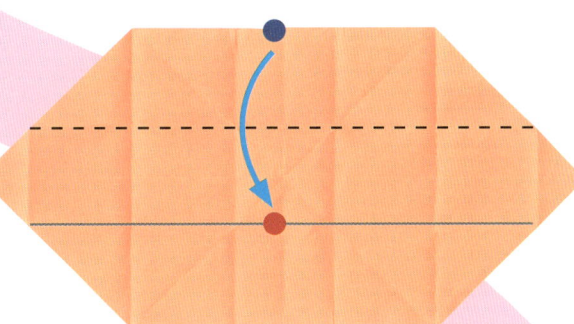

8 ●를 아래 표시선의 ●에 맞춰
내려 접어 주세요.

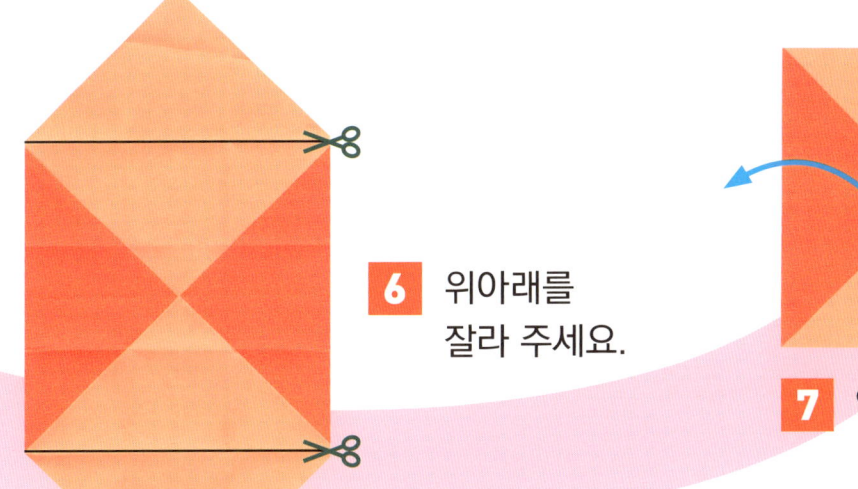

6 위아래를
잘라 주세요.

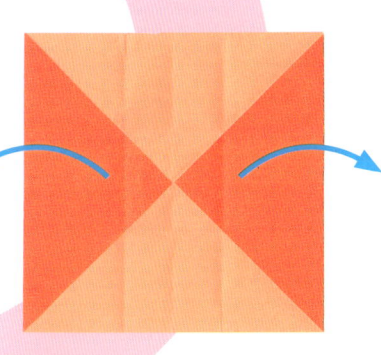

7 양 옆을 펼쳐 주세요.

51

11 다른 색 종이를 한 장 더 준비해 주세요.

12 가로세로 약 2밀리 정도 잘라 주세요.

13 45도 회전해서 가로세로로 접었다 펴 주세요. 앞의 1번부터 9번까지 똑같이 접어 주세요.

14 똑같은 모양이 하나 더 만들어졌어요. 이제 양쪽 모서리를 접어 내려 주세요.

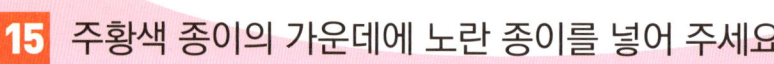

15 주황색 종이의 가운데에 노란 종이를 넣어 주세요.

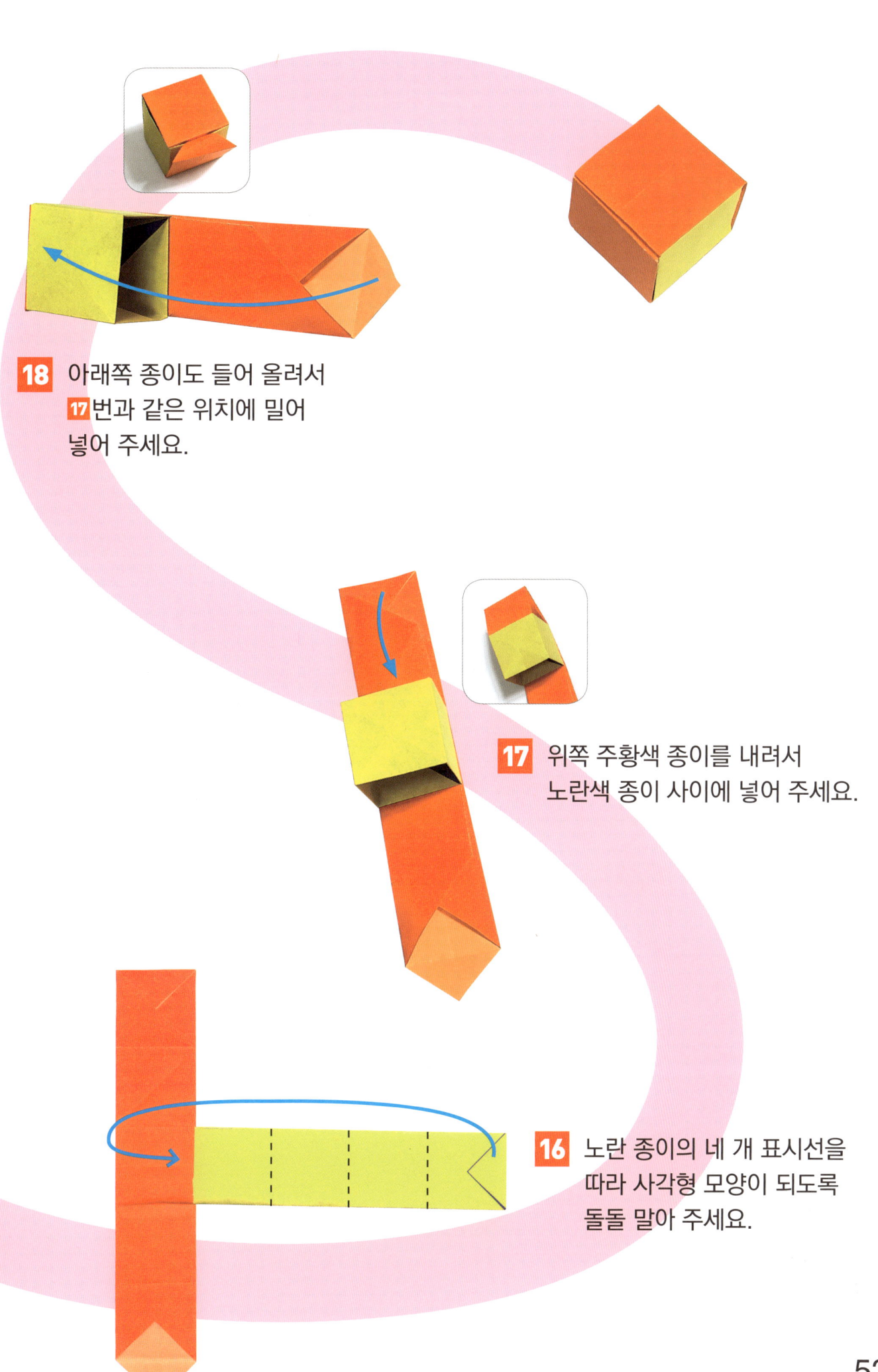

18 아래쪽 종이도 들어 올려서 17번과 같은 위치에 밀어 넣어 주세요.

17 위쪽 주황색 종이를 내려서 노란색 종이 사이에 넣어 주세요.

16 노란 종이의 네 개 표시선을 따라 사각형 모양이 되도록 돌돌 말아 주세요.

앞에서 접은 종이접기 작품을 자유롭게 붙이고,
아래 그림자에 해당하는 작품을 스티커에서 골라 붙여 주세요.

소품

책갈피

카드 지갑

액자

메모꽂이

종이상자

쇼핑백

★☆☆
책갈피

1 색종이를 3등분해서 잘라 주세요.

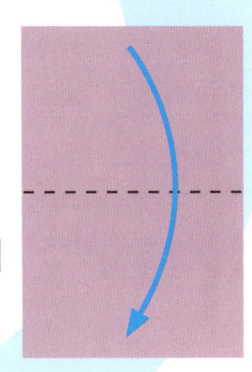

2 가로로 반 접어 주세요

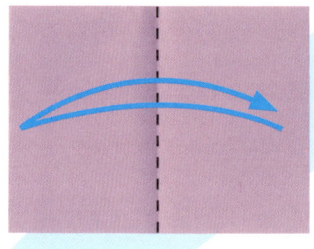

3 세로로 반 접었다 펴서 표시선을 만들고

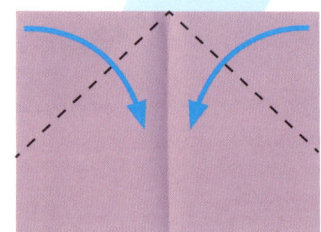

4 그 표시선에 맞춰 양쪽을 삼각형 모양으로 접어 주세요.

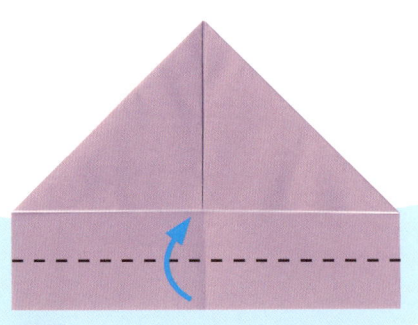

5 아래의 앞쪽 종이를 위로 반 접어 올려주세요.

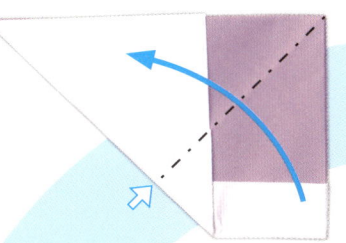

10 종이 사이에 손을 넣어 벌리며 왼쪽으로 밀어서 눌러 접어 주세요.

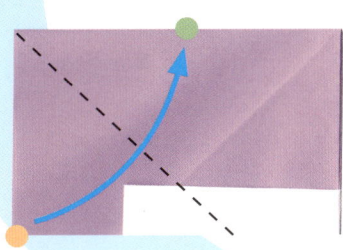

9 뒤집어서 앞과 똑같이 ●와 ●가 만나도록 접어 주세요.

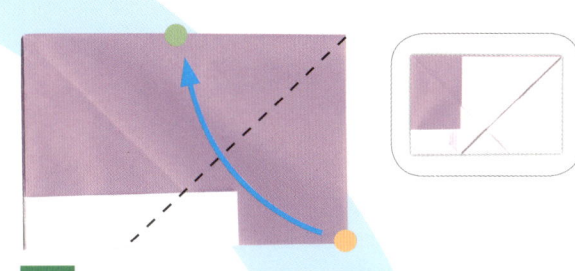

8 ●와 ●가 만나도록 접어 주세요.

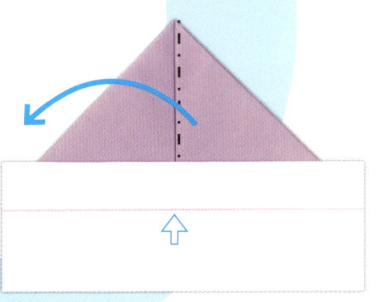

7 종이 사이에 손을 넣어 벌리며 눌러 접어 주세요.

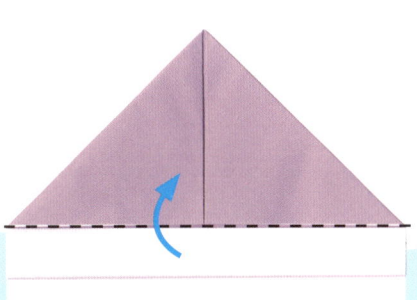

6 아래의 앞쪽 종이를 다시 한번 더 접어 위로 올려주세요.

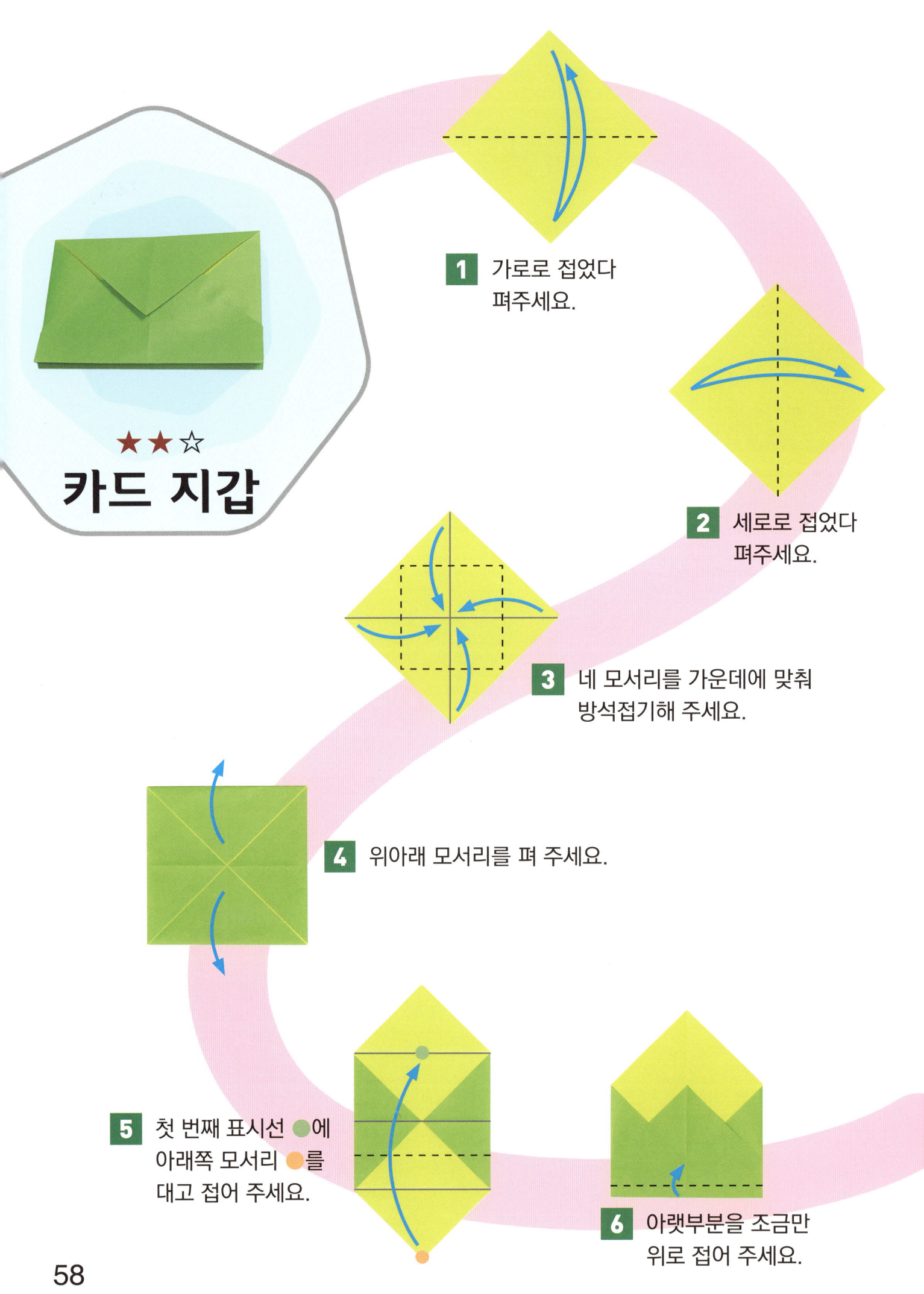

11 위쪽 부분을 아래로 내려 접어 주세요.

10 다시 펼쳐서 양쪽 겹치는 부분에 풀칠을 해서 접어 올려 붙여 주세요.

9 위 종이를 안쪽으로 접어 넣어 주세요.

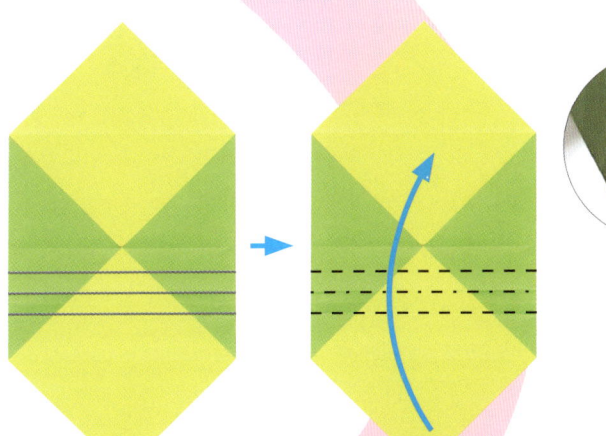

8 아래쪽에 3개의 표시선이 생겼어요. 가운데 표시선을 안쪽으로 밀어 넣으며 접어 올려 주세요.

7 다시 아래쪽 종이만 펼쳐 주세요.

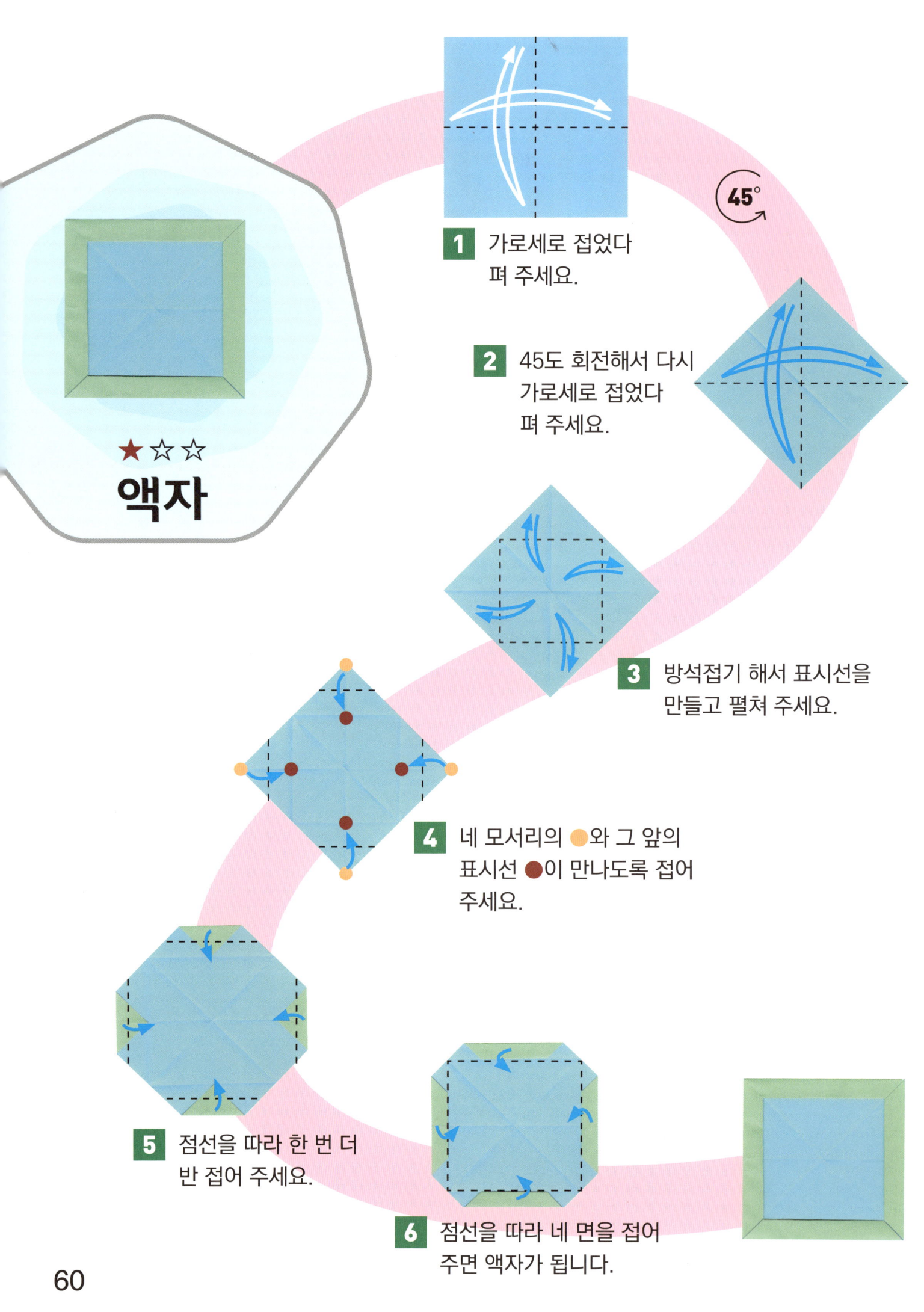

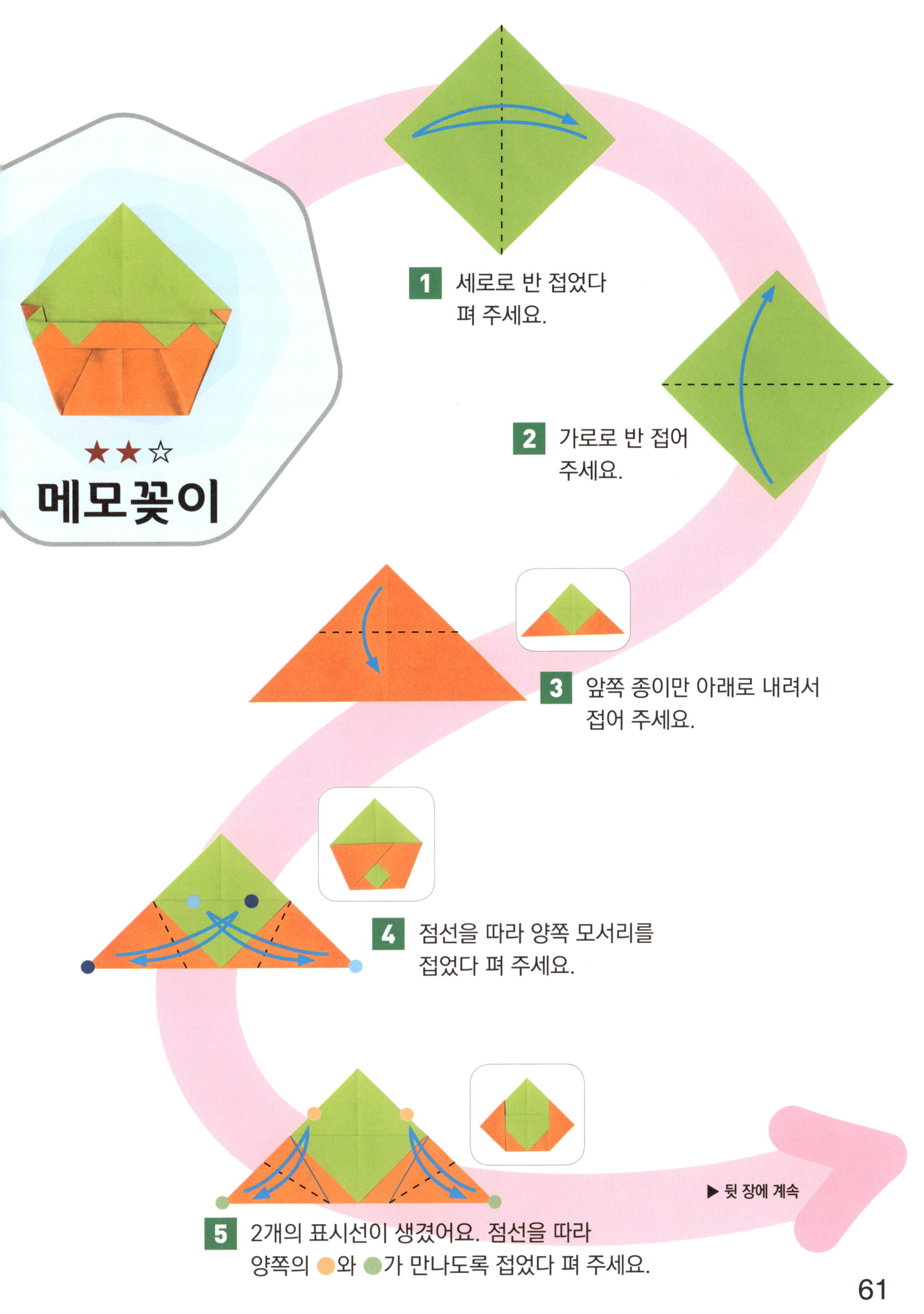

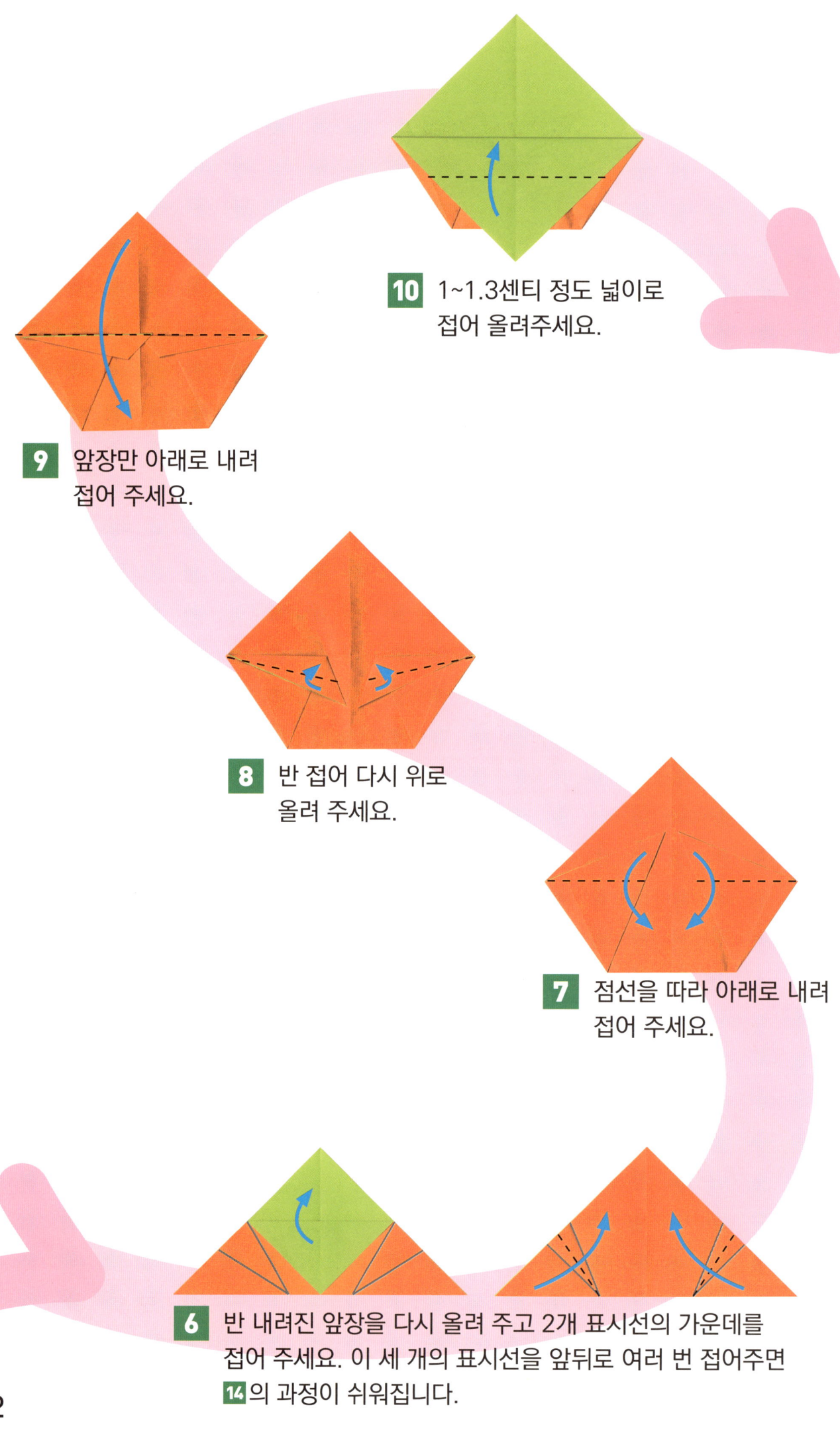

10 1~1.3센티 정도 넓이로 접어 올려주세요.

9 앞장만 아래로 내려 접어 주세요.

8 반 접어 다시 위로 올려 주세요.

7 점선을 따라 아래로 내려 접어 주세요.

6 반 내려진 앞장을 다시 올려 주고 2개 표시선의 가운데를 접어 주세요. 이 세 개의 표시선을 앞뒤로 여러 번 접어주면 14의 과정이 쉬워집니다.

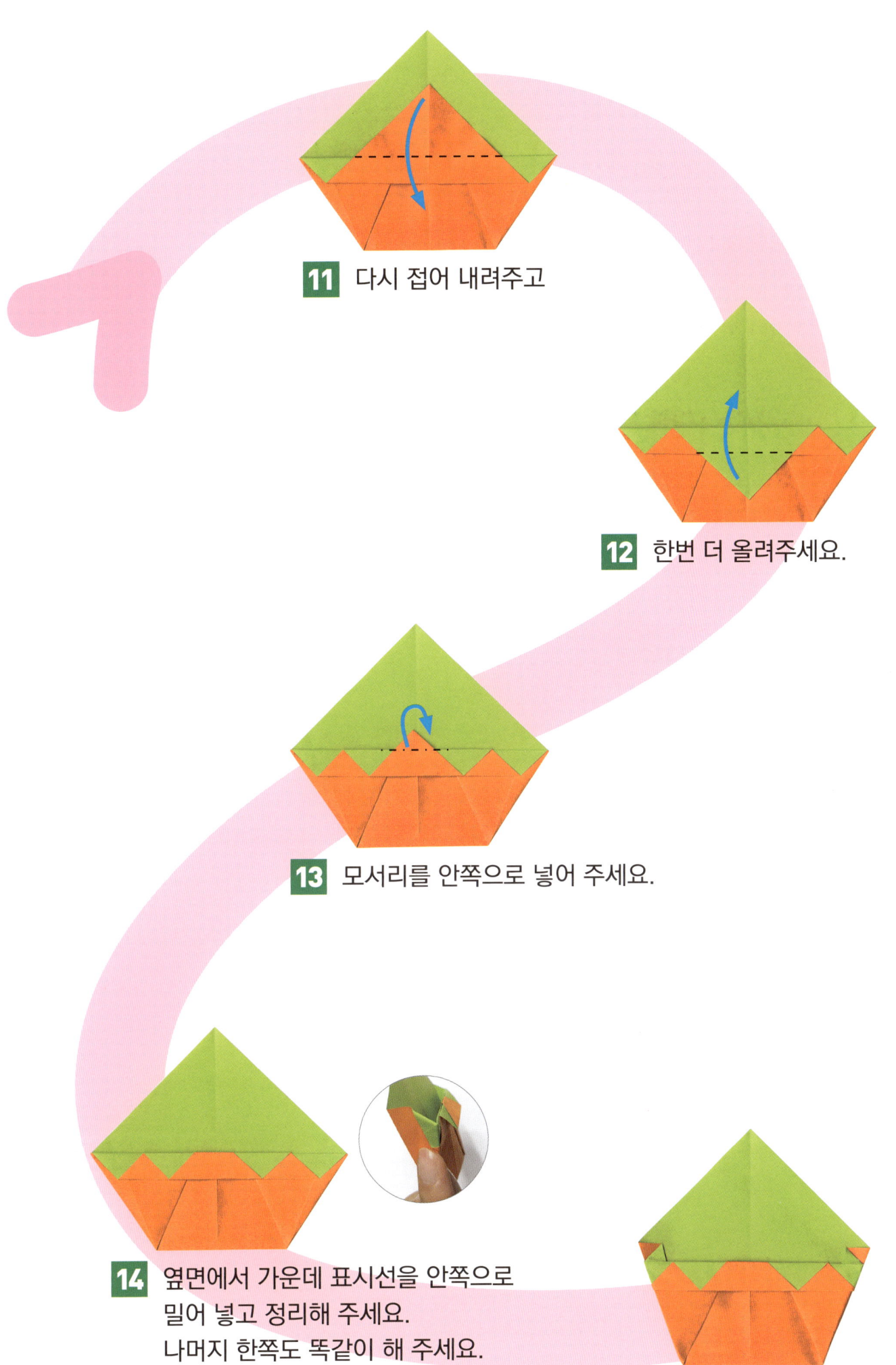

11 다시 접어 내려주고

12 한번 더 올려주세요.

13 모서리를 안쪽으로 넣어 주세요.

14 옆면에서 가운데 표시선을 안쪽으로
밀어 넣고 정리해 주세요.
나머지 한쪽도 똑같이 해 주세요.

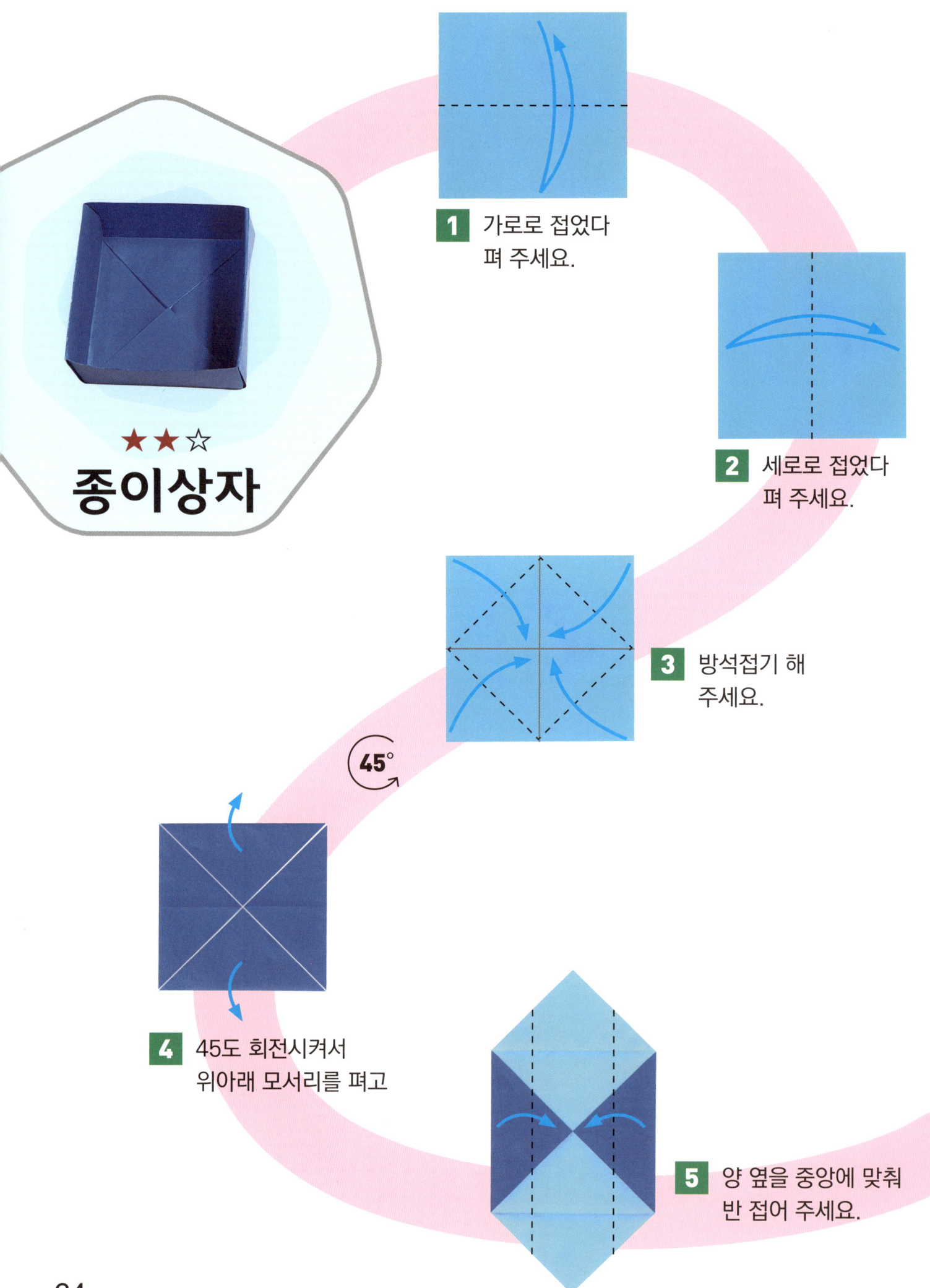

10 반대쪽도 똑같이 접어 주세요. 옆면을 안쪽으로 밀면서 고정시키고 윗부분은 점선대로 접어서 상자 안쪽으로 넣어 주세요.

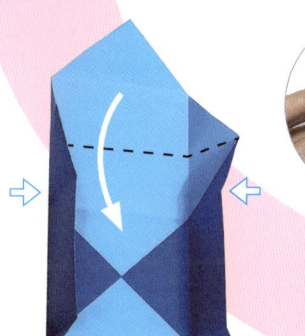

9 옆면을 안쪽으로 밀면서 고정시키고 윗부분은 점선대로 접어서 상자 안쪽으로 넣어 주세요.

8 가운데를 벌려 주세요.

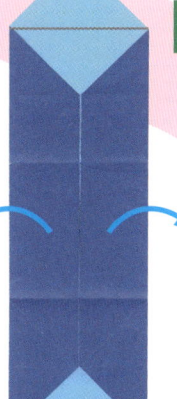

7 가운데에 2개의 표시선이 생겼어요. 위아래를 점선을 따라 삼각형 모양으로 접었다 펴 주세요.

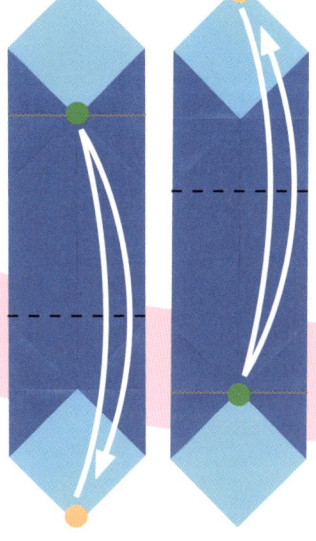

6 아래쪽 모서리 ●를 위 ●에 맞춰 접었다 펴서 표시선을 만들어 주세요.
위쪽도 똑같이 표시선을 만들어 주세요.

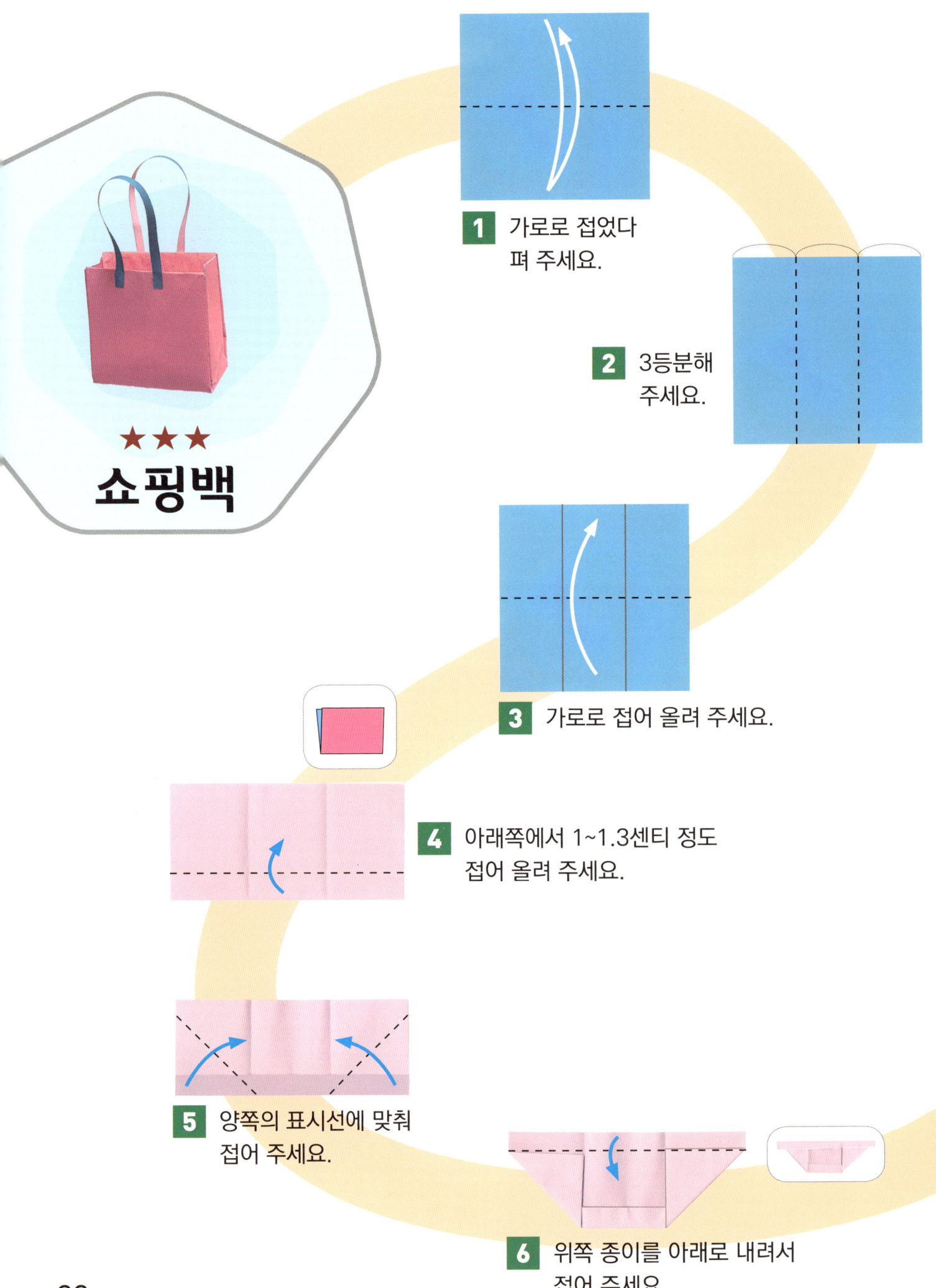

쇼핑백

1. 가로로 접었다 펴 주세요.
2. 3등분해 주세요.
3. 가로로 접어 올려 주세요.
4. 아래쪽에서 1~1.3센티 정도 접어 올려 주세요.
5. 양쪽의 표시선에 맞춰 접어 주세요.
6. 위쪽 종이를 아래로 내려서 접어 주세요.

10 종이를 얇게 잘라서 쇼핑백에 풀로 붙여 주세요.

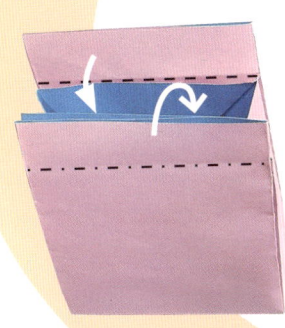 

9 윗부분을 상자 안쪽으로 내려 접어 주세요. 반대쪽도 똑같이 접어 주세요.

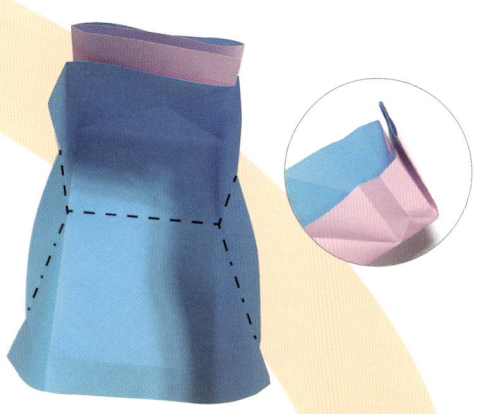

8 반대쪽도 똑같이 접어 주세요.

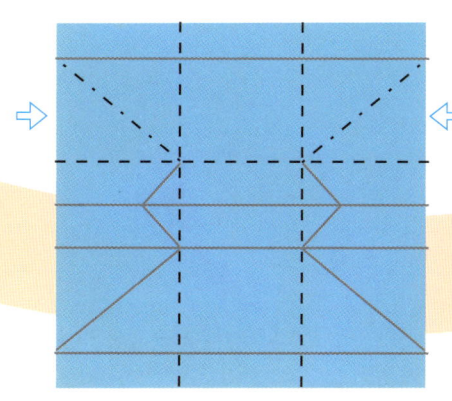  

7 모두 펼치고 양쪽의 삼각형 모양 표시선을 안쪽으로 밀어 넣으며 접어 주세요.

앞에서 접은 종이접기 작품을 자유롭게 붙이고,
아래 그림자에 해당하는 작품을 스티커에서 골라 붙여 주세요.

나 어릴 적

바람개비

한복 저고리

한복 바지

학

풍선(공)

복주머니

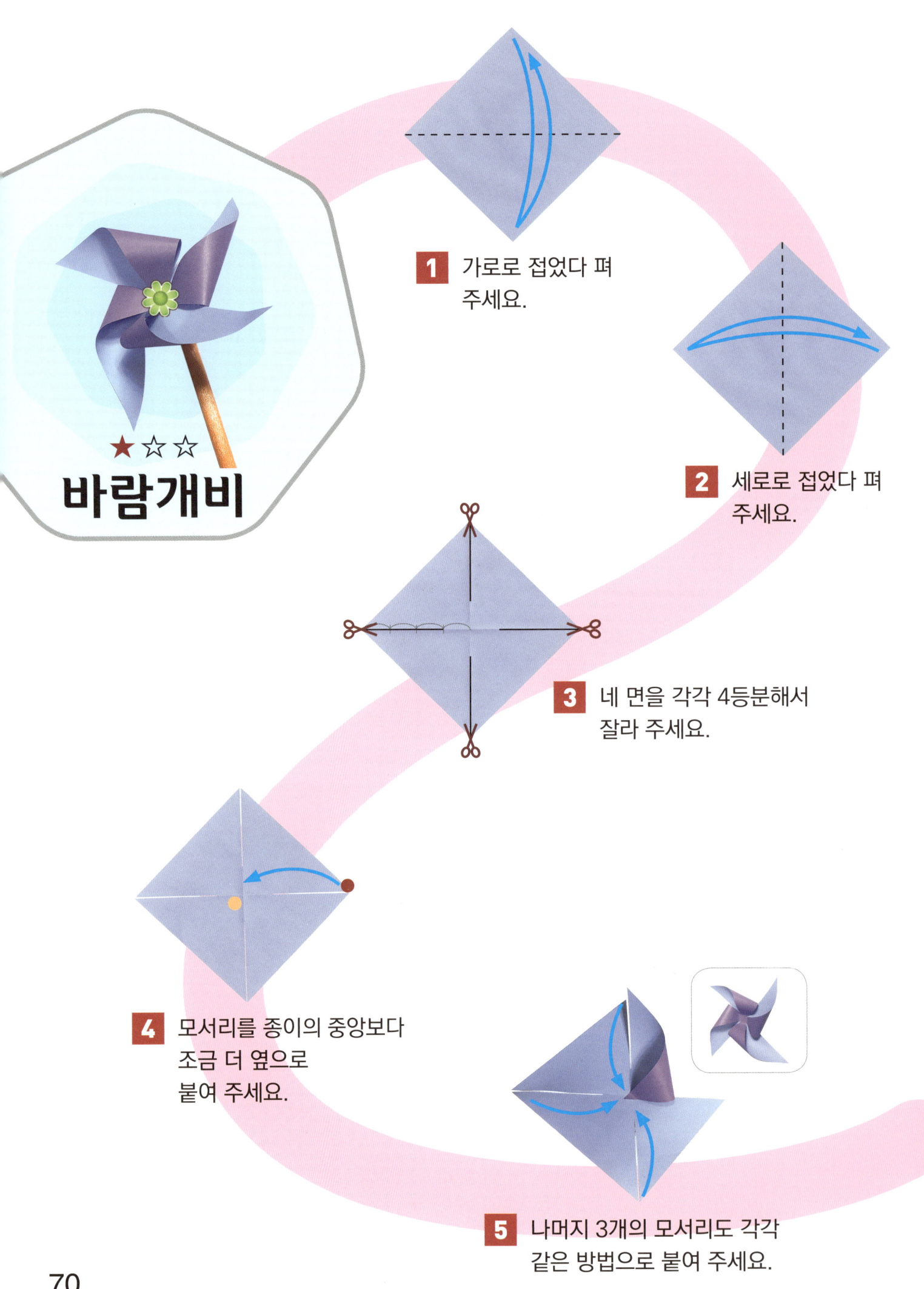

9 긴 수수깡과 짧은 수수깡을 연결해 주세요.

10 바람개비 중앙에 스티커를 붙여 주면 완성이에요.

8 침핀으로 바람개비의 중앙을 뚫고 뒤쪽을 자른 수수깡과 연결해 주세요.

7 수수깡을 조금 잘라 주세요.

6 수수깡이나 나무젓가락, 압정 또는 침핀을 준비해 주세요. 이 책에서는 수수깡과 침핀을 사용했습니다.

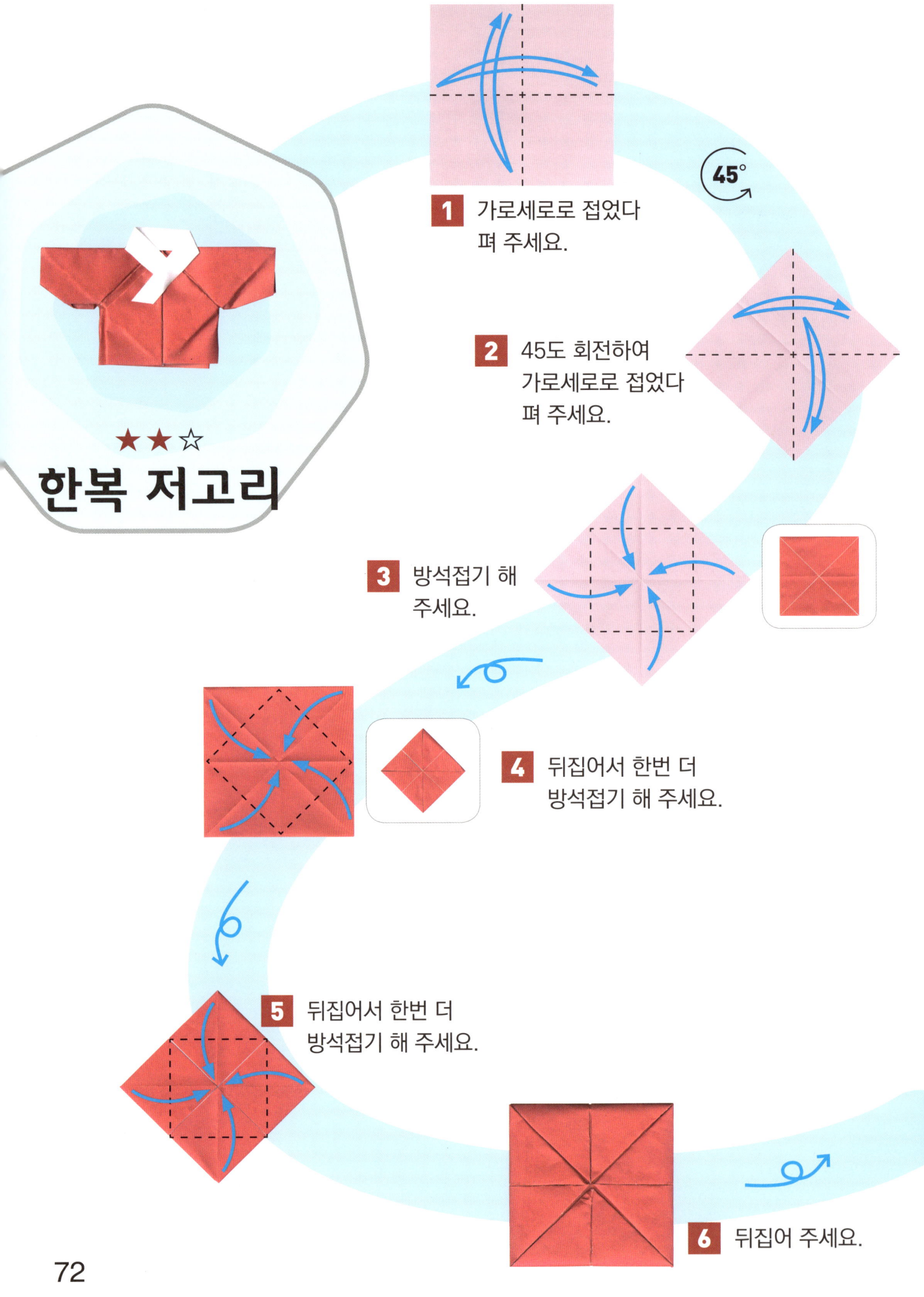

11 흰 종이를 동정 모양으로 접어 저고리의 윗부분에 붙여 주세요.

10 흰 종이를 폭 1센티 조금 안 되게 잘라 주세요.

9 소매 아랫부분을 조금 접어 뒤로 넘겨 주세요. 양쪽 모두 똑같이 해 주세요.

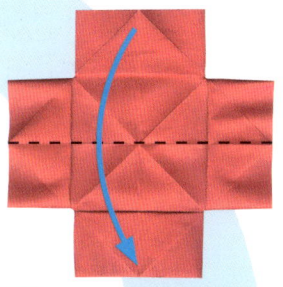

8 점선을 따라 아래로 내려 접어 주세요.

7 주머니를 위로 밀어 올려서 눌러 접어 주세요. 나머지도 똑같이 해 주세요.

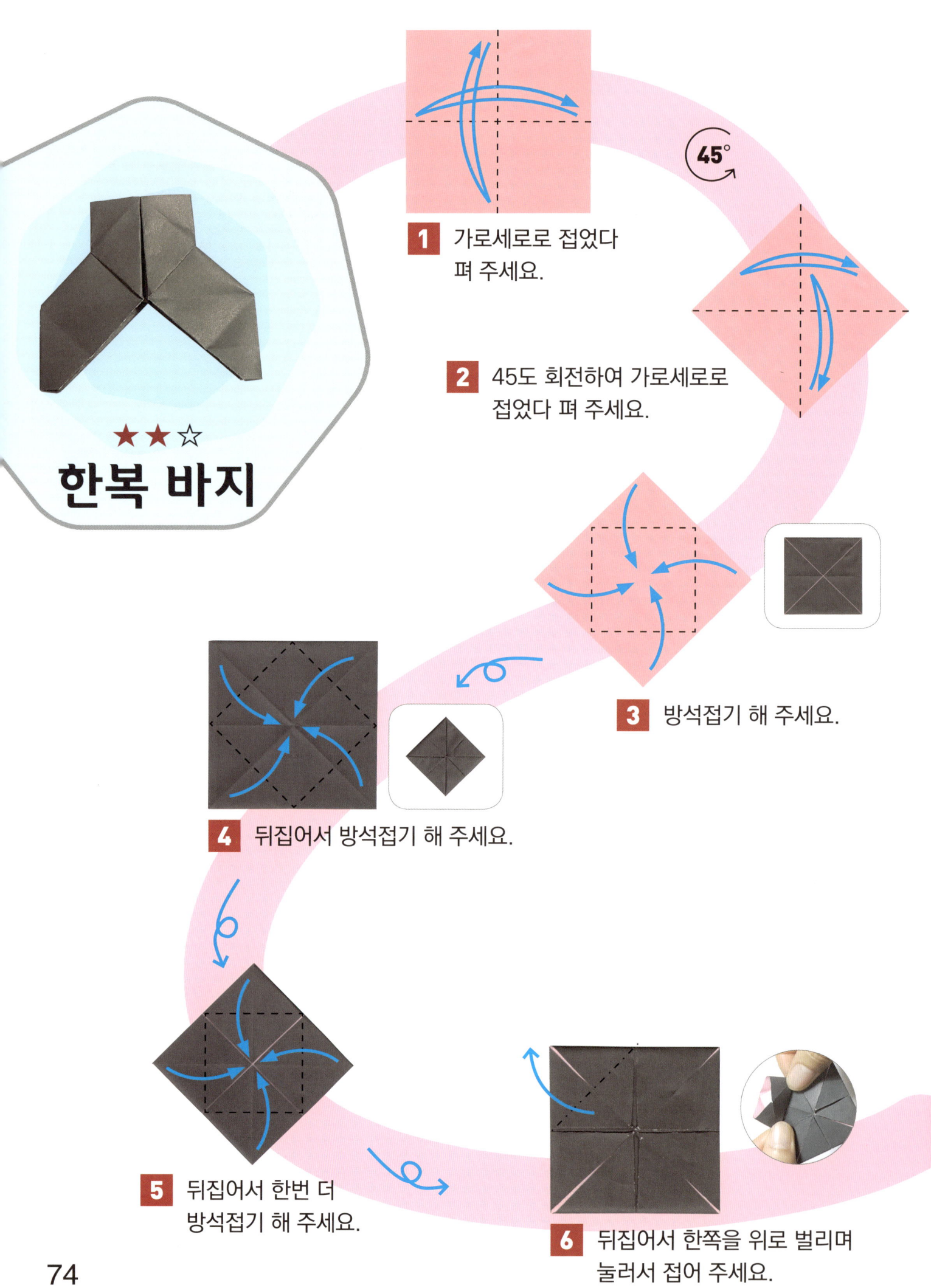

10 저고리에 바지를 끼워 주세요.

9 아래 양쪽 모서리를 조금 접어서 안으로 넣어 주세요.

8 양쪽을 잡고 당겨서 눌러 접어 주세요.

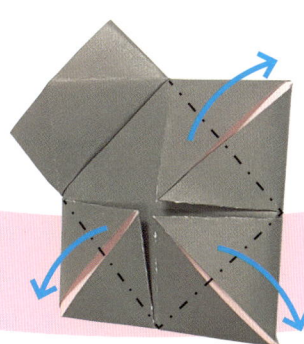

7 나머지도 똑같이 접어 주세요.

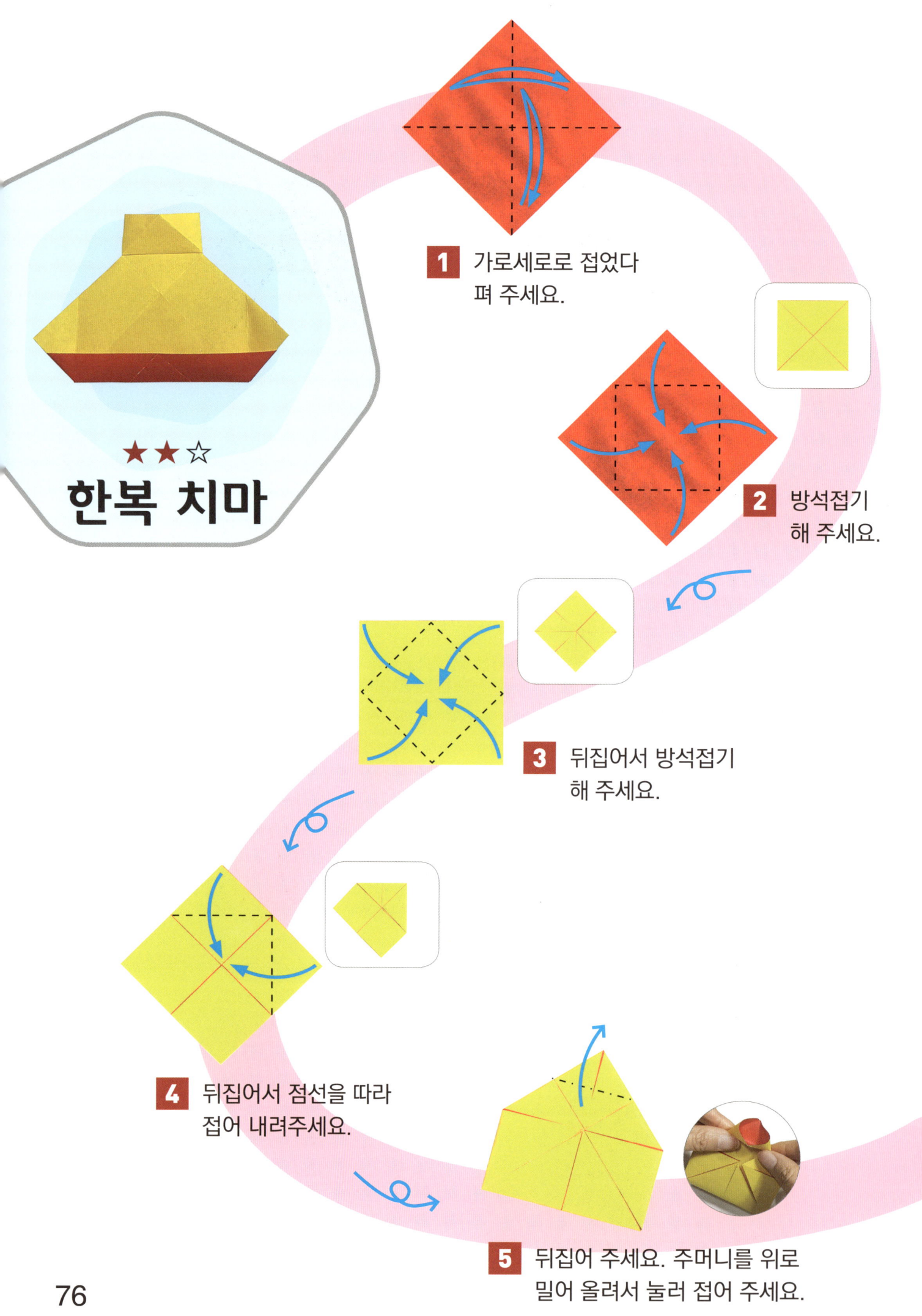

11 치마가 완성되었어요.

12 저고리에 치마를 끼워 주세요

10 점선대로 양쪽을 접고 뒤집어 주세요.

9 양쪽 모서리를 앞으로 접어 내려 주세요.

8 뒤집어서 점선대로 접어 올려 주세요.

7 아랫부분을 3등분해서 점선을 따라 위로 올려 접어 주세요.

6 나머지 부분은 펼쳐서 눌러 주세요.

★★☆
학

1 아래로 내려 접어 주세요.

2 반으로 접어 주세요.

3 위 종이를 오른쪽으로 밀며 눌러 접어 사각형을 만들어 주세요.

4 뒤집어서 모서리를 왼쪽으로 밀며 눌러 접어 똑같이 사각형을 만들어 주세요.

5 중앙 표시선에 맞춰 반씩 접었다 펴 주세요.

6 위 종이를 들어 올리며 양옆은 표시선을 따라 안쪽으로 모아서 접어 주세요.

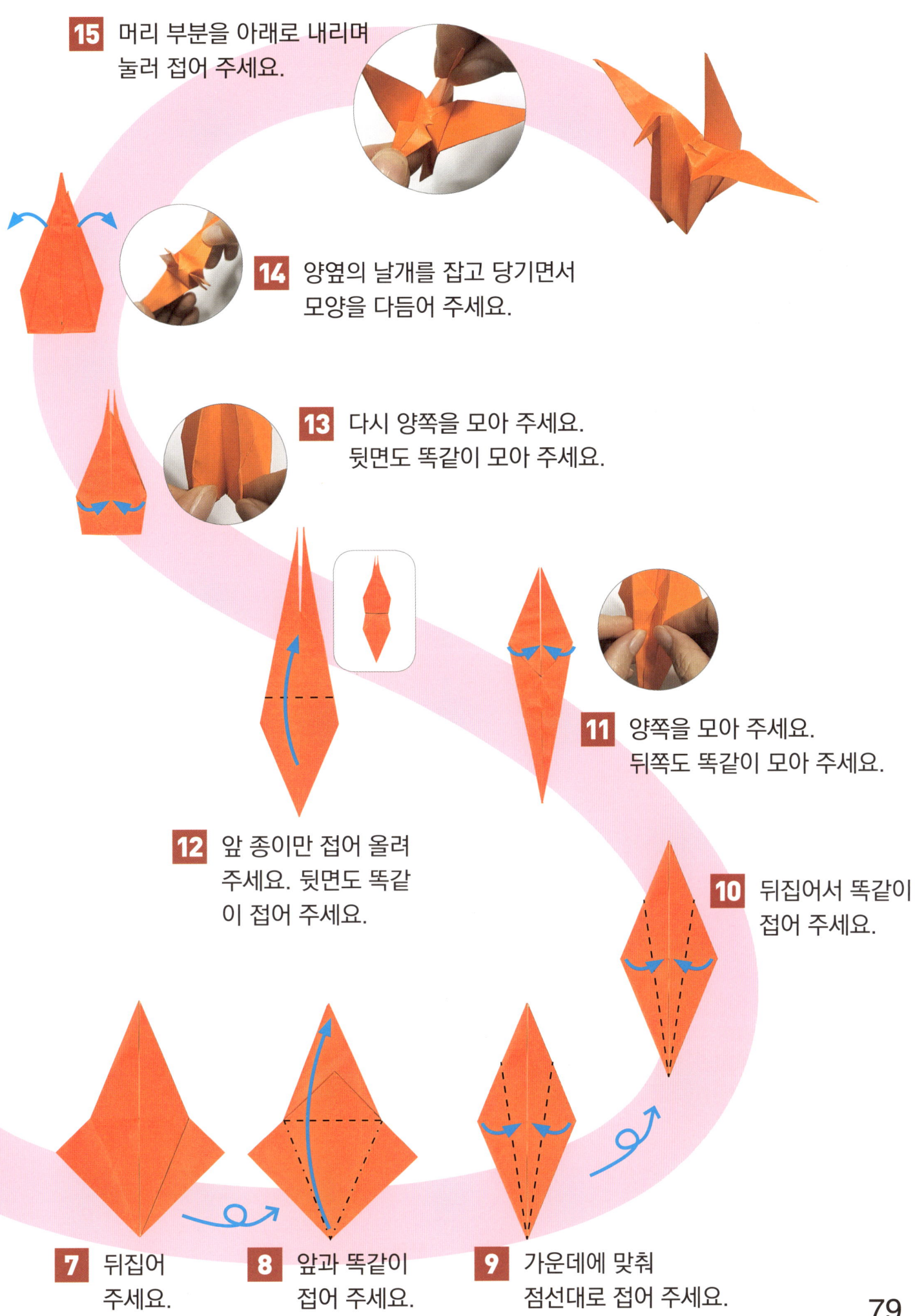

★★☆
풍선(공)

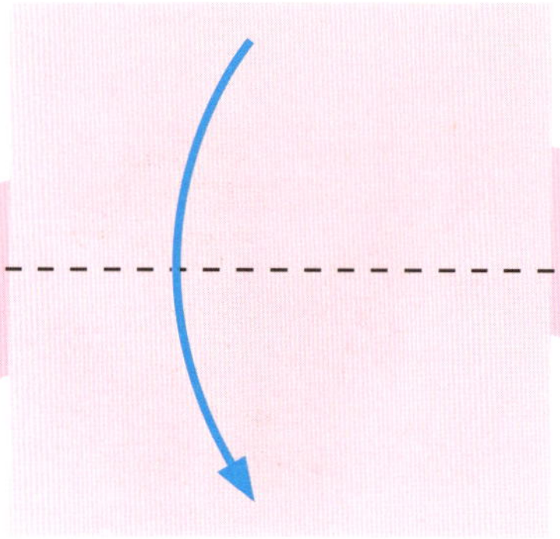

1. 아래로 내려 접어 주세요.

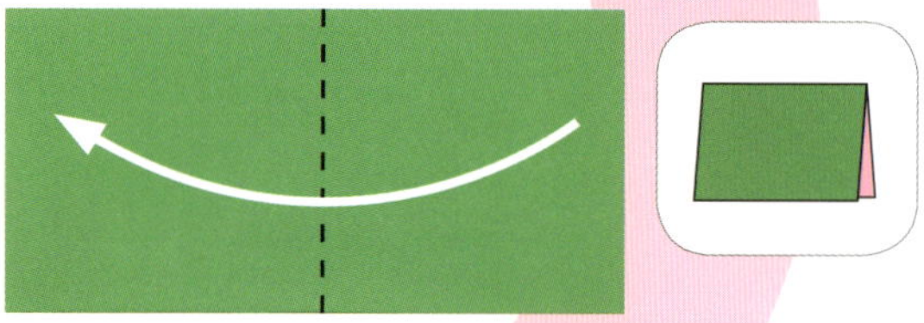

2. 세로로 반 접어 주세요.

3. 아래쪽에 손을 넣어 벌리며 눌러 접어서 삼각주머니 접기를 해 주세요.

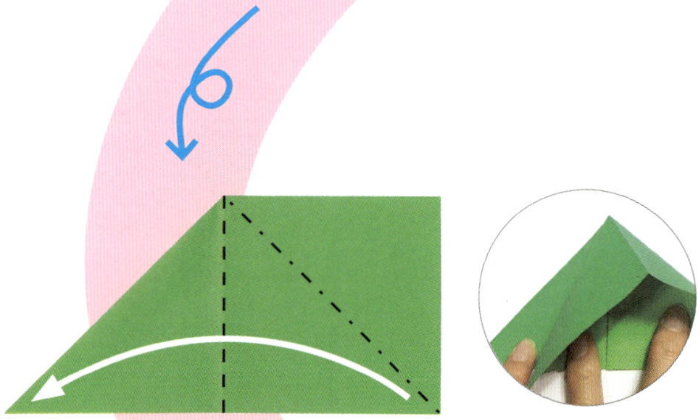

4. 뒤집어서 왼쪽으로 밀어 삼각주머니 접기를 해 주세요.

5. 점선을 따라 양쪽 모서리를 올려서 접어 주세요.

80

11 아래쪽 구멍에 천천히 바람을 불어 넣으면 부풀어서 공이 됩니다.

10 뒤집어서 똑같이 접어 주세요.(**5**~**9**번 반복)

9 내려 접은 모서리를 양쪽 모두 그대로 아래쪽 주머니에 집어넣어 주세요.

8 양쪽 모서리를 아래로 내려 접어 주세요.

7 모서리의 ●와 가운데 ●가 만나도록 양쪽 모두 반씩 접어 주세요.

6 반을 아래로 내려 접었다 펴서 표시선을 만들어 주세요.

★★☆
복주머니

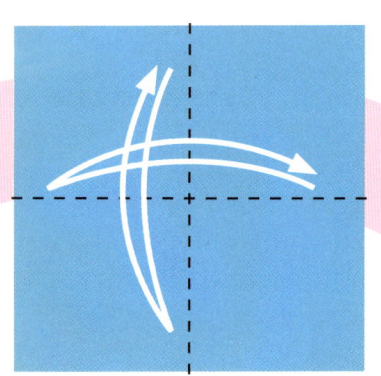

1 가로세로로 접었다 펴서 표시선을 만들어 주세요.

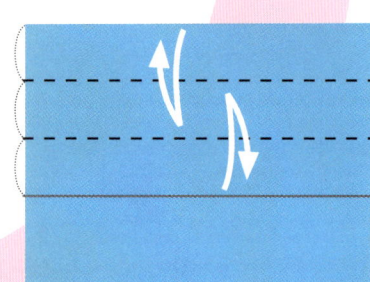

2 위쪽을 3등분해서 접었다 펴 주세요.

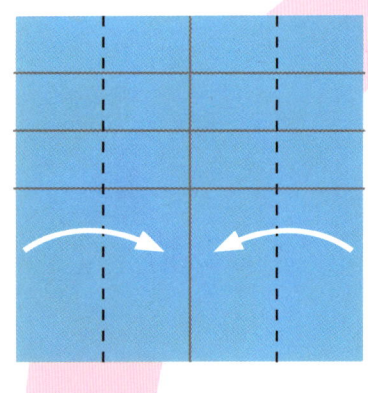

3 가운데 표시선에 맞춰 대문접기를 해 주세요.

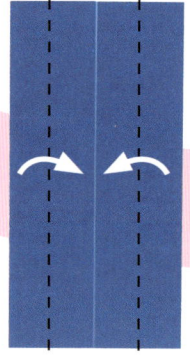

4 한번 더 대문접기를 해 주세요.

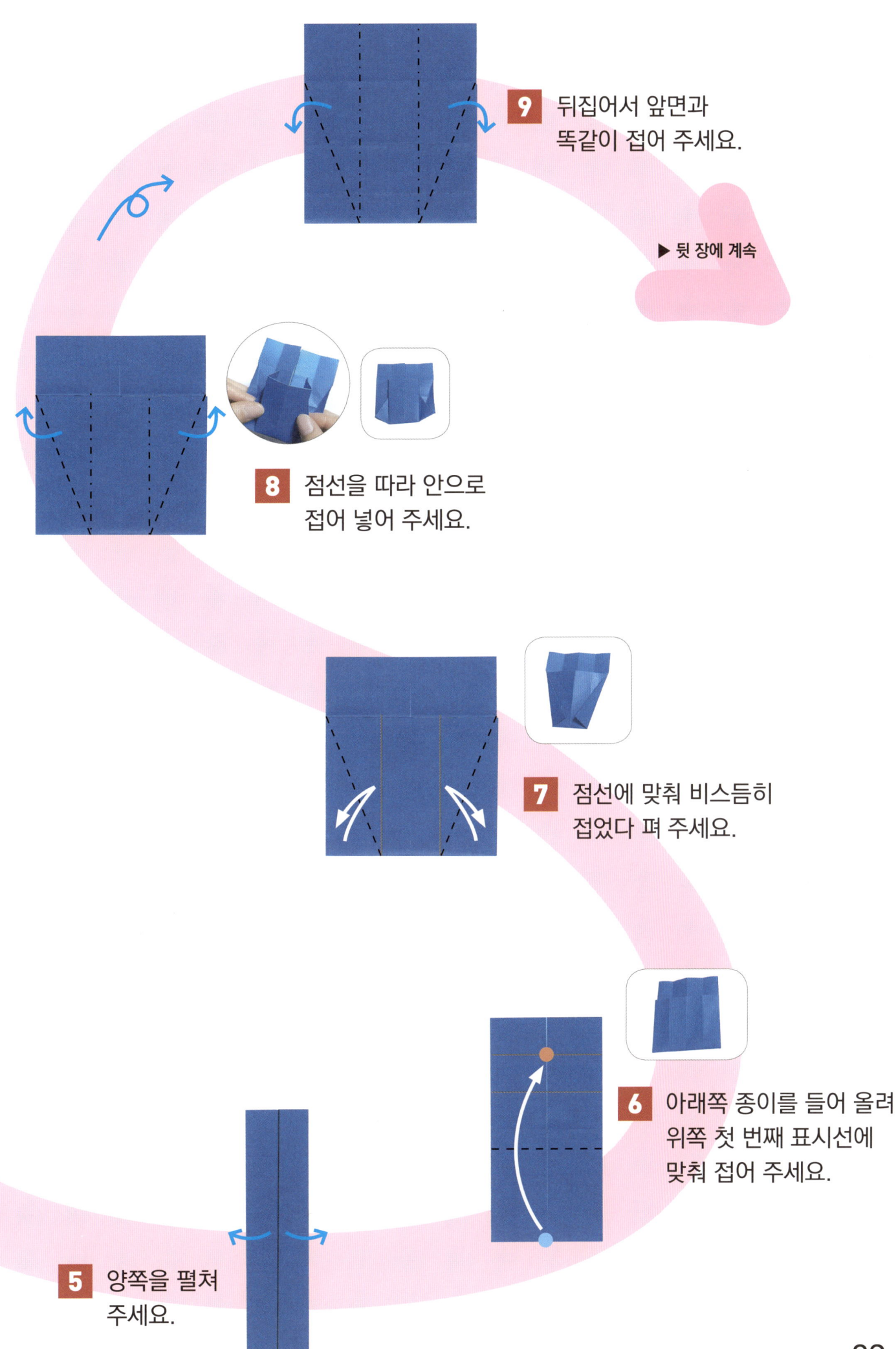

9 뒤집어서 앞면과 똑같이 접어 주세요.

▶ 뒷 장에 계속

8 점선을 따라 안으로 접어 넣어 주세요.

7 점선에 맞춰 비스듬히 접었다 펴 주세요.

6 아래쪽 종이를 들어 올려 위쪽 첫 번째 표시선에 맞춰 접어 주세요.

5 양쪽을 펼쳐 주세요.

10 윗부분에서 반 접어서 표시선을 만들고 펴 주세요.

11 표시선에 맞춰 양쪽 모서리를 내려 접어 주세요.

12 점선을 따라 아래로 내려 접어 주세요.

13 예쁜 문양을 붙여 주면 복주머니가 완성됩니다.

앞에서 접은 종이접기 작품을 자유롭게 붙이고,
아래 그림자에 해당하는 작품을 스티커에서 골라 붙여 주세요.

쉬운 종이접기

초판 1쇄 인쇄 | 2022년 11월 25일
초판 1쇄 발행 | 2022년 11월 30일

지은이 | 건강 100세 연구원
편　집 | 이말숙
디자인 | 박민희
제　작 | 선경프린테크
펴낸곳 | Vitamin Book 헬스케어
펴낸이 | 박영진

등　록 | 제318-2004-00072호
주　소 | 07251 서울특별시 영등포구 영신로 40길 18 윤성빌딩 405호
전　화 | 02) 2677-1064
팩　스 | 02) 2677-1026
이메일 | vitaminbooks@naver.com

©2022 Vitamin Book 헬스케어

ISBN 979-11-89952-80-8 (14630)
　　　979-11-89952-70-9 (세트)

잘못 만들어진 책은 바꿔드립니다.

어르신 레크레이션 북 시리즈

뇌 훈련·간병 예방에 도움되는
쉬운 색칠 그림

색칠하기 쉬운!
심플한 그림!

❶ 봄·여름 꽃 편

1 봄·여름 꽃 편
매화 · 튤립 · 진달래 등 마음에 드는 그림을 골라 색칠을 해 보세요.

2 가을·겨울 꽃 편
도라지 · 코스모스 · 동백 · 수선화 등 가을 · 겨울 꽃이 색칠을 하면 그대로 그림엽서가 됩니다.

3 야채 편
토마토 · 피망 · 가지 · 단호박 등 야채의 특징과 효능, 읽을거리들을 사진과 함께 첨부했고, 많이 출하되는 시기도 소개했습니다.

4 봄에서 여름을 수놓는 꽃 편
벚꽃 · 장미 · 해바라기 등 봄 · 여름 개화 순서로 나열되어 처음부터 색칠해도 좋아요.

5 과일 편
딸기 · 매실 · 바나나 · 수박 등 제철 순서로 나열했고, 맛있는 계절도 소개했습니다.

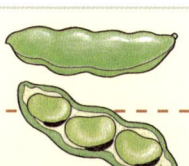
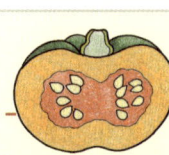
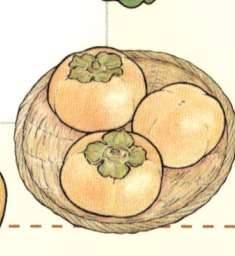

❷ 가을·겨울 꽃 편   ❸ 야채 편   ❹ 봄에서 여름을 수놓는 꽃 편   ❺ 과일 편

이 책의 특징

그림 색칠하기
복사해 사용하면 여러 번 사용할 수 있습니다. 완성한 날짜와 이름을 적어놓으면 기념이 됩니다.

그림엽서 색칠하기
색칠을 하면 그대로 그림엽서가 되는 사이즈입니다. 짧은 글을 적어 봅시다.

사진과 특징
해설과 사진을 첨부했고 꽃·야채·과일의 특징과 개화 시기, 읽을거리가 있어서 더욱 즐겁게 색칠할 수 있습니다.

채색 견본
견본을 보면서 똑같이 색칠해 봅시다. 물론 자기만의 색깔로 칠해도 됩니다.
손쉽게 세밀한 부분도 칠하기 위해서 색연필을 권합니다. 이 책에서는 24색 색연필을 사용했습니다. 여러 가지 도구로 색칠하는 방법을 즐겨보십시오.

어르신 레크레이션 북 시리즈

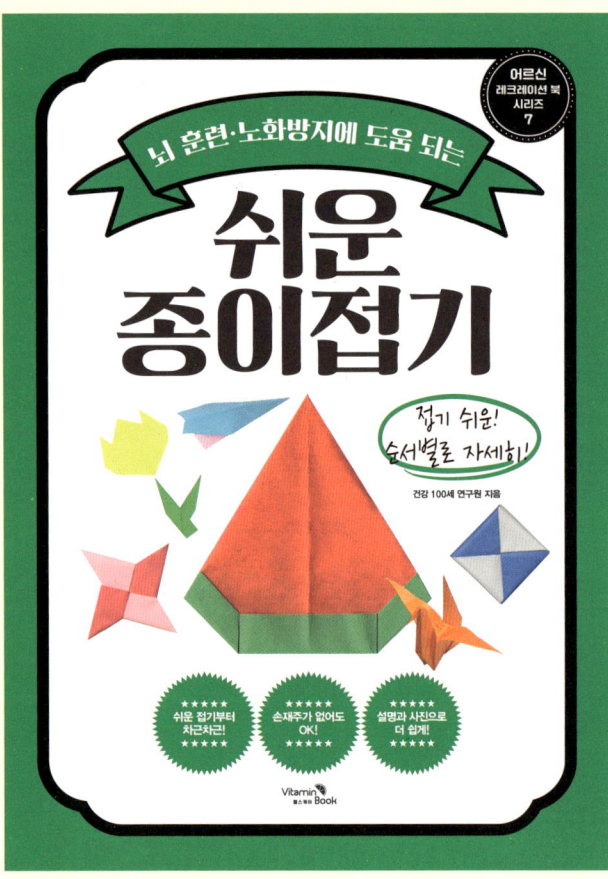

쉽고 간단한 접기를 시작으로, 어렸을 때 한번쯤 접어보았음직한 것들을 위주로 구성.

너무 어려운 것은 제외하고 간단한 접기에서부터 중간 단계의 것을 모아, 접는 방법을 자세히 설명.

헷갈리기 쉽고 어려운 부분은 사진으로 한번 더 설명했으니 서두르지 말고 설명에 따라 정확하게 접어 보세요.

화투는 1월부터 12월까지 1년 열두 달에 해당하는 그림이 각각 4장씩 48장으로 구성되어 있는데 이 책에서는 여러 가지 색상으로 칠할 수 있는 그림을 골라 실었습니다.

1월 송학松鶴, 2월 매조梅鳥, 3월 벚꽃, 4월 흑싸리, 5월 난초蘭草, 6월 모란, 7월 홍싸리, 8월 공산空山, 9월 국진, 10월 단풍, 11월 오동, 12월 비 등

이 책의 특징

화투 그림의 의미
1월부터 12월까지 월별로 각 그림에 담긴 의미를 자세히 설명.

화투 그림 색칠 순서
처음부터 색칠해도 좋고 마음에 드는 그림을 골라 색칠해도 좋습니다.

화투 스티커 붙이기
화투 그림의 전체 모양을 생각하며, 각 스티커의 모양과 색깔을 유추해내고 순서에 맞게 붙입니다.

어르신 레크레이션 북 시리즈

계속 출간됩니다~ ♥

쉬운 색칠 그림⑥ 화투 편
화투는 1월부터 12월까지 1년 12달 각 달에 해당하는 그림이 각각 4장씩 48장으로 구성되어 있습니다. 이 책에서는 여러 가지 색상으로 칠할 수 있는 그림을 골라 실었습니다. 견본을 보고 똑같이 색칠하거나 자기만의 색깔로 칠해 보세요.

쉬운 종이접기
쉽고 가장 간단한 접기를 시작으로, 너무 어려운 것은 제외하고 중간 단계의 접기까지를 모아, 접는 방법을 자세히 설명하고 있습니다.

낱말 퍼즐 ① ② 출간 예정
십자 말 퀴즈를 많이 규칙적으로 풀어보면 기억력 저하 방지 효과가 있으며, 상식과 어휘 실력도 기를 수 있습니다.

초성 게임 출간 예정
초성게임이란 정답의 자음만 알려주고 맞혀보는 퀴즈를 말합니다. 한자 사자성어, 속담도 배우고 익히며 인생의 지혜도 맛볼 수 있습니다.

쉬운 한자 퍼즐 출간 예정
실생활에서 많이 사용하는 한자 200여 단어를 퍼즐 형식으로 수록. 퀴즈를 풀다보면 두뇌 회전은 물론 어휘, 우리말 맞춤법도 정확해지는 효과를 얻을 수 있습니다.

숨은 그림 찾기 출간 예정
놀이로 시작하여, 흥미를 가질 수 있도록 쉬운 것부터 점점 어려운 것으로 난이도를 조절하였으며 집중력과 관찰력을 키웁니다.

스도쿠 ① ② 출간 예정
스도쿠 입문자들을 위해 문제를 푸는 방법을 친절하고 자세히 설명했고, 풀기 쉬운 초급부터 중급까지 수록했습니다. 스도쿠는 집중력과 기억력 향상에 좋습니다.

미로 찾기 출간 예정
큰 판형으로 시원하게, 다양하고 알찬 주제로 재미있게, 미로 찾기로 두뇌를 자극하면 집중력과 인지력이 향상됩니다.

다른 그림 찾기 출간 예정
똑같아 보이지만 어딘가 다른, 그림을 자세히 관찰하고 꼼꼼하게 다른 부분을 찾다 보면 관찰력, 변별력, 집중력을 높여줍니다.

비타민북은 독자 여러분의 투고를 기다립니다.